子どもの権利をまもる スクールロイヤー

―子ども・保護者・教職員とつくる安心できる学校―

松原信継　間宮静香　伊藤健治 編著

風間書房

目　　次

は じ め に

　2019年1月25日中央教育審議会答申（『学校における働き方改革に関する総合的な方策について（略称）』）においてスクールロイヤー（以下、SLと称します）の活用促進が謳われ、2020年12月には文科省から『教育行政に係る法務相談体制構築に向けた手引き－学校・教育委員会と弁護士のパートナーシップ』も発行され、SLへの関心の高まりとともに、この制度を導入する自治体も広がりを見せています。詳しくは本書のなかで述べますが、筆者らは2020年4月～6月にかけて、全国の教育委員会・学校・SL担当者の三者に対して質問紙法による調査を実施しました。その質問事項の一つに「SLの関与によって教職員にゆとりが生まれていると思いますか。」というものがありますが、それに対する教育委員会および学校の回答の8割以上は肯定的なものであり、「時間的ゆとりは生まれていないが、法的視点からの助言を得られるという安心感が生まれた。」「管理職にとっては心の支えになっていると思う。」などの意見もあって、特に学校管理職にとっては一定の効果が生まれているようです。

　このように、SL（制度）への期待はとても大きいのですが、その一方で、現状を見ていると、いくつかの心配と不安も生まれてきます。以下では、それを8点にまとめ、それらの懸念に対する私たちの見解と方向性を示すことで、本書の内容の概略的な説明にかえさせていただきたいと思います。

1．スクールロイヤーの定義の不明確さ
　一点目の心配は、SLとは果たして何をする人なのかがはっきりしていないことです。つまり、その定義がいまだ定まっていないという問題です。考えてみれば、仕事の内容が不明確なままに仕組みだけが拡大している実態はいささか危うい状態とも言えるのではないでしょうか。SLは、果たして、

学校や教育委員会、教員を助ける人なのでしょうか、あるいは、また、子ども
を助ける人なのでしょうか。上述の『答申』には、SL は「学校への過剰
な要求も含めた学校を取り巻く諸問題について法的助言等を行う」「法制的
な観点から学校をサポートすることを可能とする教育委員会の機能強化」を
めざすことなどが書かれています。これを見る限り、SL の役割は前者のよ
うに見えます。『手引き』の方はどうでしょうか。そこには「教職員の負担
軽減」とともに「子供の最善の利益を実現する」ことも記されています。

　実際に SL を担う弁護士の見方はどうでしょうか。2018年1月に日本弁護
士連合会（以下、日弁連）から出された『「スクールロイヤー」の整備を求め
る意見書』には次のように書かれています〔巻末資料参照〕。「学校現場で発
生する様々な問題に対して、裁判になってから関わるのではなく、むしろト
ラブルが予測されそうな段階から、学校の相談相手としての立場で、子ども
の最善の利益の観点から、教育や福祉、子どもの権利等の視点を取り入れな
がら継続的に助言する弁護士を『スクールロイヤー』と称」する。また、
「スクールロイヤーの基本的な立場」として、「学校は、子どもの成長と発達
を目的として、子どもに対して組織的、計画的、継続的に教育を実施する機
関であり、子どもの権利を実現する最も基本的・中心的な役目を担うもの」
であり、「学校に対して法的観点から助言・指導を行うスクールロイヤーは、
教育や福祉等の観点を踏まえつつ、子どもの最善の利益を図ることが求めら
れる。」と記されています。ここには、学校や教員の相談役でありながらも、
SL の仕事は「子どもの最善の利益」（子どもの権利条約第3条等）を実現する
ことであることが明記されています。すなわち、SL は、まず第一に子ども
を助ける人であるということです。

　特に注目すべきは「子どもの権利」という言葉でしょう。この意見書にお
いては、学校は子どもの権利を実現する場所として捉えられています。そし
て、そのような認識に立って、SL は、子どもの権利の視点を取り入れなが
ら継続的に助言すべき存在であることが記されています。要するに、学校が

子どもたちの権利保障、権利実現の場となるように、SL は、子どもの権利
の視点に立って学校や教育委員会に助言することが、その役割として要請さ
れているということです。このような視点を踏まえ、私たちは、SL を「子
どもの諸権利の保障、および、子どもの最善の利益の実現を目的として、教
育的・福祉的なアプローチを用いつつ、子どもの権利の視点に立って関係者
の対話を促し、子どもが育つ環境や関係性に働きかけながら法的助言を行っ
ていく弁護士」と定義したいと思います。

2．「子どもの最善の利益」という言葉のあいまいさ

　ところで、「子どもの最善の利益」という言葉は、最近の文科省の文書に
も使われるようになりましたが、これはいったい何を意味するのでしょうか。
また、どうすれば、それを見つけることができるのでしょうか。先に触れた
アンケート調査でも、SL である弁護士さんたちから、次のような回答があ
りました。「『子どもの最善の利益』という言葉が時に大人の言い訳やマジッ
クワード、免罪符のように使われていると感じることがある。」「『子どもの
最善の利益』についての中身が、捉える人によって異なる可能性があるため、
その中身を、今後、具体的に議論していく必要があると思われる。」「何が
『子どもの最善の利益』にかなうのか、抽象的に議論するのではなく、具体
的な事例を蓄積していくことで、明確化していく必要があると思う。」など。

　重要なことは、「最善の利益」は子どもによってそれぞれに異なり、それ
は、当該子ども自身の声を聴かなければ分からないということです。それゆ
えに、なによりも SL は子どもの権利条約12条にいう「子どもの意見表明
権」を尊重しなければなりません。この点が、SL と教育委員会の顧問弁護
士との決定的な違いです。とはいえ、弁護士の利益相反の問題も生じ得る状
況のなかで、いかにすれば、子どもの意見や思いを聴き取ったり、汲み取っ
たりできるのでしょうか、その制度づくりには一定の工夫が必要となります。
本書では「学校ケース会議」等を取り上げて、その具体策についても示して

4

いきたいと思います。

3.「子どもの権利」に対する学校の警戒感

　これまで述べてきたような子どもの権利は、世界的に見れば、すでにスタンダードであると言えますが、日本の学校では、まだまだこの言葉を聞くと身構えてしまうようなところが見うけられます。子どもたちが権利を主張し始めると収拾がとれなくなると考えるからかもしれません。しかし、本当に、子どもの権利を認めることで学校の教員は大変になってしまうのでしょうか。

　子どもの権利は、すでに学問的にも深い考察がなされてきており、近年では、それは、一般的な権利のように"対立的"な性格、すなわち、権利と権利がぶつかり合うようなものではなく、"関係的"な性格をもつ権利であると見なされています。子どもは長らく"保護か自律か"という二元的な発想のなかで捉えられ、わが国では特に前者の要素が強かったわけですが、結論的に言えば、子どもは、保護の対象でもあり、自律の対象でもあります。大事なことは、子どもは、自律的な権利主体であるとともに、同時にまた、依存しながら成長発達していく"関係的な存在"でもあると把握することです。詳細は本書のなかで論じられますが、私たちが主張する子どもの権利も、こうした「関係的権利」を前提にしています。そして、特に強調しておきたいことは、このような性格をもった子どもの権利を保障することは、実は、教師の日常的な教育活動と決して矛盾するものではないということです。否、むしろ、きわめて教育的な営みであるとも言えます。冒頭の日弁連の意見書にも「教育や福祉、子どもの権利等の視点を取り入れながら継続的に助言する弁護士」をスクールロイヤーと称するとありましたが、子どもの関係的権利は、ここに書かれているような教育的・福祉的アプローチによってこそ保障されるものなのです。SLの方々には、是非とも、このような性格をもった子どもの権利が学校の中に根づいていくように働きかけていただきたいと思います。実際、子どもの権利をベースとした関係者間の話し合いは、問題

解決を早め、真の意味での子どもの「最善の利益」を見出すことにもつながっていきます。

4．"中立" という名の「顧問弁護士」化

　先に述べた SL に関わるアンケート調査において、ある自治体（教育委員会）の担当者の方から「（SL は）顧問弁護士ではないので、客観性を持つべき立場であり、学校や教育委員会の対応に問題がある時には厳しいことを言える存在であるべきと考える。」という回答がありました。なるほど、そのような SL であれば、この制度の効果は大いに発揮されるように思います。一方で、SL の一人からは、「SL 制度が進み、学校・教育委員会等の信頼をつかめば、今度は、SL ではなく、顧問弁護士としての立場を獲得していく可能性がある。その場合でも、SL 的な立場で、子どもの最善の利益を図った活動ができるような心構えが必要と思う。」との回答がありました。この意見に見られるように、学校や教育委員会の信頼を勝ち得ながら、なおかつ、子ども最善の利益にかなった活動を追求していくことは、なかなか難しい仕事であるように思います。言葉を変えれば、SL の中立性の問題です。どのようにすれば、SL の中立性は確保できるのでしょうか。

　私たちは、中立性の基盤には独立性がなければならないと考えています。独立性が保障されていなければ、中立的には動き得ないと考えるからです。SL の依頼者や報酬支払者が自治体（教育委員会）である以上、独立性を保障するなんらかの根拠も必要になることでしょう。この点に関しては、今日、いくつかの自治体に存在する子どもの権利擁護委員の制度が一定の参考になります[1]。こうした独立性をもった SL が、どのようにして、真の意味での子どもの「最善の利益」に向けた活動を展開し得るのか、その手がかりになるような実践も本書の中でお示ししたいと思います。

5．保護者と教職員の"敵対的"な関係把握

　今回の SL（制度）の導入については、冒頭の『答申』にあるように「保護者等からの過剰な苦情や不当な要求等への対応」が強く意識されています。『手引き』を見ても、そこには、保護者からの要求や主張に対する対応事例がたくさん集められ、「保護者と学校の信頼関係の尊重」という文言はあるものの、あたかも"保護者対策手引き"のような様相を呈しています。たしかに、文科省によって行われた「教育委員会・学校における法務相談体制に関する調査結果」（2019年3月）によれば、「10年ほど前と比べて法務相談が必要な機会が増えたと考えるか」という質問に対し「増えている」と答えている自治体は、都道府県で72％、市町村で49％あり、その背景に「保護者対応に関する問題」があると答えている自治体は、都道府県で61.2％、市町村44.5％と、法務相談が必要とされる要因のなかで保護者対応が最も大きな割合を占めています。学校現場でも、「教職員のメンタルヘルスに関する調査」（2013年文科省委託調査）によれば、校長の65.1％、教諭の56.5％が保護者への対応に強いストレスを抱えていることも分かっています。

　それにしても、今日の学校は、なぜこのように保護者に負担を感ずるようになってしまったのでしょうか。そこには、さまざまな要因が考えられますが、果たして、国の政策がその一因となっていないか、それは、保護者の思いやニーズに沿った政策であったのかという根源的な問いを軽視してはならないと考えます。大きく言えば、1970年代以降、校内暴力や不登校、いじめ問題などが顕在化し、保護者と学校の関係悪化が顕著になっていきましたが、その背景として、学校の管理主義教育や国連子どもの権利委員会から何度も勧告を受けている日本の競争的な学校の在り方が関係してはいないでしょうか。今回の SL の導入は、言ってみれば、こうした政策によって生み出された状況の"帰結"として登場してきているようにも見えてきます。本書では、この点にも目を向け、少し大きな観点から国の教育制度や教育政策についても考察していきます。

　このように保護者対応を強く意識しながらスタートした SL 制度ですが、一方で、保護者との関係に関しては、近年、「開かれた学校づくり」や「協働的な学校づくり」などの動きが力強く進められていることも忘れてはなりません。保護者を含む三者協議会や四者協議会の設置、「対話のある学校づくり」[2] などの取り組みが全国に広がりつつあります。教育分野において紛争というものが絶えることはないとしても、また、そのための制度を整えることは必要であるとしても、SL を担当される弁護士の方々には、こうした学校の教職員と保護者との協働的な関係づくりのベクトルにも目を注ぎ、さらに、それを強くする方向で活動していただきたいというのが、私たちの思いです。SL は、保護者にとって手ごわい "学校の用心棒" ではなく、子どもを中心に置いた、関係者間の積極的な "対話を促す存在" であることが、本書のなかで明らかにされることと思います。

6．専門職としての教員理解の弱さ

　言うまでもなく、学校における豊かな教育活動は、何よりもまず、子どもたちと接する教職員の力にかかっています。上述の保護者からの苦情やクレームも、これを "親の願い" として受けとめるなら、教職員の力量を高める大切な素材ともなります。この教師の成長という点に関しては、例えば、学習指導において、正解のない問いを発して子どもたちと一緒に考えたり、様々な教育方法を試したりするような「教育活動の自由」が保障されていることがとても重要な条件となります[3]。それは、生活指導においても言えることです。ところが、わが国の場合、学習指導要領一つとっても、世界に例のないほど強い法的拘束力を強いられ、行政官庁による上意下達の通知や通達の増大と反比例するかのように、教育活動における教師の裁量権は、近年、一層減少してきているように見うけられます。この動きは、世界トップクラスの教育レベルで注目されるフィンランドが、1980年代に現場の教員に大幅な裁量権を与えて今日の成功を勝ち取った事実と真逆であるように思わ

れます。教師は、学校という組織の一員ではありますが、階層構造の下で分業体制の一端を担うという存在ではなく、子どもや保護者に対して直接に責任を負いながらその職責を遂行していく専門職です。その点において、今回導入される SL 制度も、紛争解決へ向けた"組織的分業体制"の強化という結果に終わるのではなく、教師の専門職性を高め、教職員がその裁量権を強め、本来の自由で豊かな教育実践を回復させていく方向につながっていくことが求められます。

　加えて、この問題は、今日的に言えば、いわゆる「チーム学校」の在り方ともかかわってきます(4)。本書の中で述べられるように、文科省が捉えるチーム学校像は、階層的な色彩が濃く、何よりもその中心に子どもがいません。そのようなチームの姿のなかで、SL は果たしてどのようなポジションに位置づくのでしょうか。もしこれが医療分野における「チーム医療」のように、各メンバー（専門職）の対等平等な関係が確保されているようなチームであったなら、また、その中心に子どもがいて、子ども支援を重視するようなチームであるならば、SL は、学校管理職とだけでなく、教員はもとより、スクールソーシャルワーカ（SSW）やスクールカウンセラー（SC）などの他の専門職とも積極的に交流しながら仕事を進めていくことになるでしょう。実際、筆者らの実施したアンケート結果を見ても、「仕事上、どの人たちとの協力関係を望みますか」という質問に対して、73% の SL が「SC や SSW との協力関係を望む」と答え、その割合は、校長・教頭・教育委員会と同じ数字になっています。

　以上のような事実を見てくると、SL の効果的な活動のためには、戦後の教員政策や学校組織の在り方の検討など、組織論的な視点からの分析も必要であることがわかります。これらの問題も本書のなかで論じていきたいと思います。

7. 「法化」現象に対する意識の希薄さ

　今回の SL の導入は、大きく見ると、世界的な法化現象のなかで捉えるべき問題でもあります。社会哲学者のユルゲン・ハーバーマスによれば、学校における教育過程は"コミュニケーション的行為"、すなわち、対話に基づいて遂行されるものでなければなりませんが、現実には、法の浸透を通して、司法化や官僚制化が教育過程の中に奥深く介入してきており、結果として、「非人間化、改革の抑制、責任回避、非活性化」といったさまざまな問題が起きていると言います(5)。このような現象は、教育に限らず、社会のあらゆる分野で進行しており、これを総称して「法化」(legalization) と呼んでいます。この「法化」は官僚制の成長にもつながります。なぜなら、マックス・ウェーバーという社会学者が指摘したように、形式的な法的平等性は官僚制化を促す大きな要因となるからです(6)。これに関連して、アメリカのスティーブン・ゴールドバーグという研究者は、法の浸透（法化）は、組織において"訴訟防衛的官僚制"化を生み出すことを指摘しています(7)。例えば、裁判になることを避けるために、組織の人員を増やして、組織がいっそう硬直化してしまったり、訴訟を警戒するあまり、ふだん使う言葉よりも法的言語が多用されるようになっていく現象がこれにあたります。このような「法化」は、避けられぬこととはいえ、決定的な影響をその社会に及ぼしていくのです。

　ここで重要なことは、今日、欧米では、こうした教育分野に生じている法化や官僚制化から生まれる弊害の克服に向けて真剣な取り組みが続けられてきているという事実です。統治の単位をできるだけ小さくしたり、権限や財源を学校へ移譲したり、教職員と保護者・地域住民との対話の場である学校協議会を強化したりするさまざまな教育改革の動きも、この問題への対応がその背景にあると言っても過言ではありません。一方で、わが国の「法化」に対する認識と対応は大変遅れていると言わざるを得ません。それゆえ、今回、SL が導入されるに際しては、どのようにすれば、「法化」のマイナス面

を防ぐことができるのかを熟考する必要があります。上述のハーバーマスが言うように、もし学校が対話を中心に動いていく"生活世界"であるとするならば、SLの仕事は、法律を適用して一刀両断的に問題に対応するのではなく、法的視点に立ちつつも、法的言語を日常言語へと転換しながら、関係者相互の活発な対話やコミュニケーションを促していくような活動になることが望ましいと言えるでしょう。その具体的な実践の在り方についても本書のなかで示していきたいと思います。

8. 問題解決へ向けての選択肢の少なさ

　先にも述べましたように、もしSLの導入が子どもの最善の利益の実現に向けられたものであるならば、この制度以外に、学校のみならず、保護者や子どもにも利用できる問題解決のための仕組みがあってもよいと考えます。例えば、わが国でも、子どもの権利擁護委員制度を持ついくつかの自治体があり、子どもや保護者だけでなく、学校もこの制度を利用することができます。また、アメリカなどでは、最終的な手段である裁判のほかに、メディエーション等のさまざまな紛争解決方法が存在することはよく知られた事実です。本書では、このようなSL以外の制度にも注目し、これらの制度とSLとの連携・協働の可能性を探っていきます。

　上述のメディエーション（mediation）について少しだけ触れるならば、これは、裁判外紛争解決方法（ADR）の一つとして、前述の「法化」への対応策として登場してきたものでもありますが、紛争当事者間の率直なコミュニケーションによる合意を重視している点で、「対話」に基づく問題解決の在り方にきわめて親和性のある紛争解決方法と考えられています。アメリカでは、すでに教育関係の連邦法のなかにこの方法が規定されて大変高い効果をあげています。先の筆者らのアンケート調査では、「教育委員会としてSLに期待していることは何か」という質問に対して、4割以上の自治体が「当事者とも会って、紛争解決のプロセス自体に関与して欲しい」と回答してお

り、予防的助言や法的助言を超えて当事者間の問題解決過程まで関わることを求める声は教育関係者において非常に強いものがあります。一方で、しかし、このプロセスに SL が踏み込んでいくことは、利益相反等の問題が生ずるおそれもあります。いかにすれば、教育現場の切実な要望に応えつつ、適正に SL 制度を動かしていけるのか、このメディエーションという手法にも光をあてながら、本書のなかで検討していきたいと思います。

　以上、SL の導入にあたっての心配な点や懸念のいくつかを指摘しながら、それに対する私たちの考え方を述べてきました。これ以外にも、今後、日本の SL 制度をつくりあげていくためには、諸外国との比較制度論的な考察も必要になります。これに関しては、本書では、アメリカとスウェーデンの二国を取り上げたいと思います。この二国は、ともに、教育活動の基盤に子どもの権利がしっかりと根づいている国ですが、その権利擁護のアプローチが大きく異なっている点で注目に値します。簡潔に言えば、前者は、さまざまな NPO の精力的な活動によって子どもの権利や親の権利が支えられている国であるのに対し、後者は、子どもの権利をまもるための国家機関が存在し、そこに強い権限が与えられている国と言うことができます。これらの国々の制度と比較することによって、今回、日本で導入されようとしている SL 制度の特色と課題も浮かび上がってくるのではないかと考えます。

　本書は、SL の問題に関し、わが国ではじめて教育研究者と法曹実務家が共同研究を行うことで生まれた書籍です。その出発点には、SL の導入にあたり、これまでの教育学の知見と法律家の知見を交流させたいという問題意識がありました。実際、当初は、教育学的な視点と法律学的な視点の相違に戸惑うようなこともありましたが、出版に向けた会議を重ねるうちに、子どもの権利や最善の利益の実現という点において両者に違いはないこと、むしろ、冒頭に述べたように、教育的・福祉的アプローチと法的アプローチがと

もに満たされるなかでこそ、それは可能になることを確信できるようになりました。こうした認識も踏まえて、本書は「理論編」と「実践編」で構成されています。言うまでもなく、優れた実践のためにはしっかりとした理論的裏付けが必要であると同時に、すでに始まっているSL制度においては、待ったなしの実践の提示も要請されていると思うからです。

　子どもたちにとって最も大切な場所の一つである学校に、今、求められているのは「対話」の回復と促進であると私たちは考えています。学校が、子どもを中心に、教職員、保護者、地域の人々の豊かな対話空間になることは子どもたちの幸せに直結します。SLには、是非とも、このような対話を促し、子どものまわりにいる人々を子どもを支援する輪になるようにつないでいく役割を担っていただきたいと思います。同時にまた、学校の教職員も、保護者も市民も、SLはそのような対話のある学校づくりを通して、子どもたちが安心して過ごせる場所をつくっていく人であると認識していただきたいと思います。本書で述べるようなSLの在り方が、今後、わが国において少しでも広がり、結果として、より質の高いSL制度がこの国に定着していくことを願ってやみません。

2022年4月1日　　　松原　信継

注
（1）人口230万人を超える政令市・名古屋市の『子どもの権利擁護委員条例』（令和2年1月14日施行）には、子どもの権利擁護委員に関する次のような条文がある。第4条2項「委員は、人格が高潔で、子どもの権利に関し優れた識見を有し、かつ、第三者として独立性を保持し得る者のうちから、市長が委嘱する。」第10条「市の機関は、委員の職務の遂行に関し、独立性を尊重するとともに、積極的に協力し、及び援助しなければならない。」
（2）「学習環境調査に基づく対話のある学校づくり」プログラム開発研究チーム（代表・坪井由実）『学習環境調査に基づく対話のある学校づくり』ハンドブック

（2020年3月）、参照。

（3）『OECD 国際教員指導環境調査（TALIS）2018報告書』によれば、日本の中学校教員は、「批判的に考える必要がある課題を与え」たり、「明らかな解決法が存在しない課題を提示」したりする指導実践の数値が参加国平均と比べて顕著に低くなっている。

（4）『チームとしての学校の在り方と今後の改善方策について』中央教育審議会答申（2015年12月）。

（5）ユルゲン・ハーバーマス著／丸山高司ほか訳『コミュニケイション的行為の理論（下）』未来社、1996年、374-381頁。

（6）マックス・ウェーバー／世良晃志郎訳『支配の社会学Ⅰ』創文社、2001年、106頁。

（7）Steven S. Goldberg, "Schools Versus Student's Right: Can Alternative Dispute Resolution Build Community ?," *Journal for a Just and Caring Education*, Vol. 1 No. 2 (April 1995), pp. 234-237.

第1章　子どもの権利条約と子どもの権利に関する法令

【1】子どもの権利条約の成立

　「子どもの権利をまもるスクールロイヤー」に期待される役割を考えていくために、本章では、子どもの権利条約、児童福祉法、子どもの権利条例などの法令について、子どもの権利に関する重要な概念である「子どもの最善の利益」と「意見表明と参加の権利」に焦点をあてながら概観する。

　子どもの権利条約（日本政府訳は、児童の権利に関する条約）は、国連子どもの権利宣言の30周年にあたる1989年に国連総会において全会一致で採択され、1990年に発効された。日本政府は、1990年に署名し、1994年に批准している。国際社会において、初めて子どもを人権の主体として明確に位置づけたのが子どもの権利条約であった。この条約では、子どもに対するあらゆる差別の禁止（第2条）、子どもの最善の利益の確保（第3条）、生命・生存・発達への権利（第6条）、子どもの意見の尊重（第12条）を一般原則としており、さらに、市民的権利や教育・福祉の権利、子どものケアや家庭環境に関する権利など、体系的かつ包括的に子どもの権利を規定している。

　子どもの権利条約では、子どもを一人の人間として捉え、権利の享有主体かつ行使主体として位置づけるとともに、他方で子ども固有のニーズに基づいた成長・発達の保障を規定しており、子どもの権利を構成する自律的要素と保護的要素をともに保障しようとする立場として、現代の標準的な子どもの権利観を形成している。このような自律と保護の両義的な捉え方の背景には、条約の前文でも言及されているように条約制定に至る歴史的な経緯がある。それは、前史としての「ジュネーブ宣言」（1924年）や「国連子どもの権利宣言」（1959年）で示されていた子どもへの特別な保護を求める権利観を受け継ぎながら、他方では「世界人権宣言」（1948年）、「国際人権規約」（1966

年)、「女性差別撤廃条約」(1979年) などに代表される第二次大戦後の人権保障の進展として、子どもの人格を尊重して、差別をなくしていくという自律的な権利観を取り入れるものであった。

　子どもの権利条約が求めるように子どもが人権の主体であるためには、人間としての存在価値や尊厳が社会で承認されていることが前提となる。しかしながら、条約の採択から30年以上が経過しても、学校や家庭、地域社会における子どもの権利に対する理解は未だに不十分であり、いじめ・体罰、虐待、貧困の問題など、子どもの権利侵害と言える状況は社会的にも制度的にも課題となっている。

【2】子どもの権利条約における「子どもの最善の利益」

　子どもの権利条約では、第3条で次のように定めており、子どもに関わるあらゆる場面において、「子どもの最善の利益」が一義的に考慮されるとしている。

　第3条（子どもの最善の利益）

　　1　子どもにかかわるすべての活動において、その活動が公的もしくは私的な社会福祉機関、裁判所、行政機関または立法機関によってなされたかどうかにかかわらず、子どもの最善の利益が第一次的に考慮される。(国際教育法研究会訳)

　子どもの権利保障において重要な解釈基準となる「子どもの最善の利益」を理解するためには、どのように考慮していくのかがポイントとなる。子どもを保護の対象としてだけで捉えてしまうと、「子どもの最善の利益」は、おとなが「子どものために」と一方的に考慮し、子どもに提供するものになってしまう。子どもの最善の利益が、おとなの裁量に左右されるようなものになると、子どもの権利は単なる言説となり、子どもの権利保障は形骸化してしまうだろう。子どもの権利条約が明確に位置付けているように、大事な点は、子どもは権利の主体であるということであり、「子どもの最善の利益」

は、子どもの主体性に基づいて判断されなければならない。ただし、依存的な存在である子どもが権利の主体となるためには、他者との関係性において意見が尊重されること、すなわち子どもの権利条約の第12条「意見表明権」が重要になる。子どもたち一人ひとりにとっての最善の利益がどのようなものであるかは、おとなが予め知ることができないという事実を謙虚に受け止めて、子どもの声に耳を傾けて、子どもの主体性を尊重した対話を通して探っていくことが重要になる。

　第12条（意見表明権）

　　1　締約国は、自己の見解をまとめる力のある子どもに対して、その子どもに影響を与えるすべての事柄について自由に自己の見解を表明する権利を保障する。その際、子どもの見解が、その年齢および成熟に従い、正当に重視される。

　　2　この目的のため、子どもは、とくに、国内法の手続規則と一致する方法で、自己に影響を与えるいかなる司法的および行政的手続においても、直接にまたは代理人もしくは適当な団体を通じて聴聞される機会を与えられる。（国際教育法研究会訳）

　子どもの権利条約の一般原則である意見表明権は、子どもが社会でどのように位置づけられているかを示す指標となるものである。国連子どもの権利委員会が2009年に採択した「意見を聴かれる子どもの権利についての一般的意見第12号」（以下、一般的意見12号）では、子どもの権利条約第12条の意見表明権に関して、①条文の文理解釈や司法・行政上の手続きに関わる締約国の具体的義務といった法的分析、②意見表明権と条約の他の規定との関係、③家庭や代替的養護・学校など様々な場面や状況における意見表明権の実施などが具体的かつ詳細に示されている。そして、自己に影響を与える広範な問題について自分の意見を表明し、かつその意見を正当に考慮される子どもの権利の実践が広まり、それが子どもの「参加」として概念化されてきたことを高く評価した上で、それらの実践が長年にわたる多くの慣行及び態度、

並びに政治的及び経済的障壁によって阻害されていることに対して懸念が示
されている。一般的意見12号で示された意見表明権とは、子どもに関する法
的な手続きに止まらず、子どもたちの日常の生活において意見を聴かれる機
会が保障されることを求めるものである。

　一方で、条約の実施状況に関する日本政府の報告書（2016年6月）では、
「学校においては、校則の制定、カリキュラムの編成等は、児童個人に関す
る事項とは言えず、12条1項でいう意見を表明する権利の対象となる事項で
はない」（パラ38）という見解が示されていたが、国連子どもの権利委員会に
よる第4・5回の総括所見（2019年）では、一般的意見12号を踏まえて、「家
庭、学校、代替的ケア、保健、医療において、子どもに関する司法・行政手
続、地域コミュニティにおいて、環境問題を含むすべての関連する問題につ
いて、すべての子どもが影響力を持つ形で参加することを積極的に促進する
よう要請する」としており、「子どもの意見の尊重」は、特に緊急の措置が
求められる領域の1つとして勧告されている。

　以上のように、子どもの権利条約第12条の「意見表明権」とは、自律的な
権利観に基づいた自己決定権や社会的参加権とは異なり、おとなと子どもの
日常的で豊かな人間関係において子どもの意見が尊重されることを意味して
いる。日本社会の状況を踏まえると、学校・家庭・地域社会において、子ど
もの権利に関する理解をより一層広げて、子どもの日常生活において意見
表明権が保障されるようにしていくことが求められている。

【3】児童福祉法（2016年改正）と子どもの権利

　1994年に子どもの権利条約を批准して以降、日本の国内法体系の整備は十
分に進められていなかったが、2016年の児童福祉法改正において、初めて子
どもの権利が法律に位置付けられた。

　第1条　全て児童は、児童の権利に関する条約の精神にのつとり、適切に
　　　　養育されること、その生活を保障されること、愛され、保護されるこ

と、その心身の健やかな成長及び発達並びにその自立が図られること
その他の福祉を等しく保障される権利を有する。

第 2 条　全て国民は、児童が良好な環境において生まれ、かつ、社会のあ
らゆる分野において、児童の年齢及び発達の程度に応じて、その意見
が尊重され、その最善の利益が優先して考慮され、心身ともに健やか
に育成されるよう努めなければならない。

2　児童の保護者は、児童を心身ともに健やかに育成することについて
第一義的責任を負う。

3　国及び地方公共団体は、児童の保護者とともに、児童を心身ともに
健やかに育成する責任を負う。

第 3 条　前 2 条に規定するところは、児童の福祉を保障するための原理で
あり、この原理は、すべて児童に関する法令の施行にあたつて、常に
尊重されなければならない。

2016年に改正された児童福祉法では、第 1 条で子どもの権利条約を基本理
念として明記した上で、社会のあらゆる分野において、子どもの意見が尊重
され、最善の利益が優先して考慮されること（第 2 条）、この原理が、子ども
に関連するすべての法令で常に尊重されなければならないこと（第 3 条）が
示されている。

このような児童福祉法の理念が実現されるためには、家庭や学校などの生
活と学習の場において、子どもが権利の主体として尊重されなければならな
い。特に、親と子ども、教師と子どもといった関係において、子どもの権利
に関する意識が希薄であることによって、虐待・体罰といった深刻な権利侵
害が繰り返し生じている。家庭や学校において、子どもを指導や管理の対象
（客体）として捉えるのではなく、一人の人格として尊重することが大切で
あり、そのような関係性を形成するためには、個人の意識変容を促すだけで
なく法制度を含めた社会のあり方を見直していくことが必要となる。児童福
祉法だけでなく、学校教育の領域も含めて、子どもに関わる法制度の全体を

見直していくことが求められる。2021年9月17日には、日本弁護士連合会から「子どもの権利基本法の制定を求める提言」が示されており、子どもの権利条約の内容を実現すべく、子どもに関する包括的な法律として子どもの権利基本法を制定することを提言している。

【4】子どもの権利条例と権利擁護機関の役割

　自治体による「子どもの権利条例」は、「子どもの権利条約」の精神を地域社会のレベルで具体化するものである。2000年に制定された「川崎市子どもの権利に関する条例」をはじめとして、多くの自治体で子どもの権利に関する条例が制定されている。子どもの権利条約総合研究所によると、子どもの権利を総合的に保障しようとする「総合条例」は2021年10月時点で52の自治体が制定している。さらに、権利救済や虐待防止、意見表明・参加システムなど子どもの権利保障に関わる施策を個々に定めた「個別条例」、子ども施策を推進するための原則を定めた「施策推進の原則条例」を含めると、全国で100を超える条例が制定されている。

　条例制定の広がりは、急速な少子化の進行ならびに家庭や地域を取り巻く環境の変化による子育ての困難化に対して、子どもの育ちを支える環境の改善を図ることが地域社会の課題となっていることの表れでもある。ただし、それぞれの条例に反映されている子ども観は必ずしも子どもの権利条約の理念に沿ったものではなく、従来の健全育成条例のように子どもを保護の客体として捉える子ども観に立った条例も含まれていることには注意が必要である[1]。また、子どもの権利条例は、制定するだけで子どもの権利保障が実現するわけではないため、制定後にどれだけ豊かな実践を展開していけるかが課題となる。

　子どもの権利の実現に向けて課題は多いものの、子どもたちの生活に身近な自治体レベルにおいて、条例という法的な枠組みに基づいて子どもの権利を保障する社会システムを創り出していく試みが実践されていることには大

きな意義がある。特に、子どもの権利条例に期待される役割としては、子どもたちの生活実態に寄り添いながら子どもの権利の状況を明らかにすることである。国連子どもの権利委員会による総括所見では、子どもの権利に関する独立した監視機関の設置が繰り返し求められているが、日本政府による国家レベルでの対応が遅れているのに対して、自治体レベルでは約40の地域で条例によって「子どもの権利擁護機関」が設置されている⁽²⁾。近年でも虐待やいじめに関する事件での学校や教育委員会の対応に不十分さが指摘されている中で、子どもの権利を独立した立場からモニタリングし、権利の救済を図るシステムを構築することは全国的な課題となっている。「子どもの権利擁護機関」の役割としては、個別事例の救済だけでなく、子どもの権利に関する独立した監視機関として、子どもが抱える困難に寄り添いながら、地域の支援ネットワークを有効に機能させるよう働きかけるとともに、必要に応じて制度改善に取り組んでいくことが求められる。

　子どもの権利擁護機関は、第10章2節で紹介されているように、子どもの声に耳を傾けながら個別の権利救済に取り組んでいる。その際に、「子どもの最善の利益」の確保に向けて、対話による調整や適切な支援機関との連携を図ることで問題の解決が目指されるが、必要に応じて勧告や是正要請を出して改善を強く求めるといった対応がとられる。さらに、子どもの権利擁護機関には、制度改善に向けた提言を行う機能があり、個別事例をきっかけとしながら、社会システムや学校文化の構造変容を促していくことが期待される。

　なお、子どもの権利擁護機関の制度や運用の実態は自治体ごとに大きく異なっているが、子どもの権利の監視機関として求められる役割には、子どもの権利に関する状況を把握するモニタリング機能があげられる。子どもからの相談に対応するだけでなく、子どもの実態を把握するための調査研究や、NPOなどの子ども支援者との連携によって、社会構造に「埋め込まれた差異」としての不平等や不公平な状況を顕在化させる役割も期待される。家庭

において適切なケアが提供されていない場合に地域社会の支援ネットワークに繋げたり、学校での困難に福祉的な視点からアプローチするなど、従来の社会構造の中で潜在化していた子どもの困難を明らかにすることで既存の支援システムを有効に機能させることも期待される。

　また、子どもの権利条例を制定する自治体間では、ネットワークが形成されており、互いの取り組みに学びながら実践を発展させており、子どもの権利を尊重する地域社会の実現が目指されている。このような地域レベルの実践を全国に広げていくとともに、国家レベルにおいても子どもの権利を基本理念とした法整備を進めていくことが期待される。

（伊藤健治）

注
（1）子ども関連条例の分類に関して、横井敏郎・安宅仁人・辻村貴洋「子どもの権利に関する条例の制定・実施過程と内容分析」『北海道大学大学院教育学研究科紀要』第98号、2006年では、実質的・機能的な面から把握するために、条例に含まれる子どもの権利観（権利行使主体性の強さ）、権利保障システム、自治体の方針という3つの視点から分類し、「子どもの権利性の強い条例と自治体の方針の強い条例とが、いわば対照的な関係の傾向にある」と指摘している。
（2）自治体条例による「子どもの権利擁護機関」の多くが首長の付属機関であることから、人事や予算などの面で独立性が確保されていないことが課題となっており、国連子どもの権利委員会の第4・5回総括所見でも独立した人権監視機関の設立が求められている（パラ12）。

第2章　スクールロイヤー制度とは

　みなさんは、「スクールロイヤー」（以下、SL）という言葉から、どのような弁護士を想定されるだろうか。教師や学校の味方と思う人、法律でいじめなどを解決してくれる人、子どもたちの相談にのっていじめや教師の不適切対応を正してくれる人、そもそも何かわからない……人によって抱くイメージは違うだろう。

　実際にSLには、様々な形態があり、それがSLの共通イメージを持つことと議論を困難にしている。

　そこで、本稿では、SL制度が求められるに至った経緯、その定義と役割及びSLの形態について、現時点での議論を整理し、どのようなSLが望ましいか考えていきたい。

【1】 スクールロイヤー制度導入までの経緯

　SLの役割に関して、はじめに政策における導入の経緯を整理しておきたい。

①2013年2月26日、教育再生実行会議は、「いじめの問題等への対応について（第一次提言）」の中で、いじめを早期に発見し、いじめられている子を社会全体で守っていくために、関係機関の緊密な連携体制を日頃から構築しておかなければならないとして、「困難な問題の解決に向けて相談できる弁護士」らと支援体制を構築することとし、いじめへの対応として弁護士の活用を示した。

②同じく2013年10月11日、文科省は、同年9月に施行したいじめ防止対策推進法第11条に基づき定めた「いじめ防止等のための基本的な方針」の中で、解決困難な問題への対応を支援するため、弁護士等の多様な人材を活用できる体制を構築するとした。

③そして、2015年「チーム学校」答申では「小・中学校教員の約70％が保護者への対応が増えたと回答し、保護者への対応をストレスと感じる教員が50％を超えている」として、保護者や地域への対応に対する支援の充実のひとつとして、日本弁護士連合会（以下、日弁連）の民事介入暴力対策委員会をあげ、このような機関とも連携して、不当な要望等への対応について、学校現場に対する情報提供を進めていくべきとし、いじめ防止対策ではなく、いわゆる不当要求への対応策として、学校現場における弁護士の活用が求められた。

④2017年12月26日、文科大臣決定「学校における働き方改革に関する緊急対策」において、保護者等からの過剰な苦情や不当な要求等への対応が求められる場合や、児童生徒を取り巻く問題に関して、法的側面からのアドバイスが必要な場合に、法的相談を受ける SL 等の専門家の配置を進めるとした。

⑤そして、2019年度文科省概算要求において、上記①②④を受け、「いじめ防止等対策のためのスクールロイヤー活用に関する調査研究」が要求された。「法的側面からのいじめの予防教育」「学校における法的相談への対応」「法令に基づく対応の徹底」の３つが事業内容である。「法的側面からのいじめ予防教育」とは、弁護士が裁判例等の実例を示しながら、人権を守ることの重要性やいじめの法律上の扱いについて教える授業モデルの構築や実践的な教材の開発を行うこと、「学校における法的相談への対応」とは、児童生徒を取り巻く問題について弁護士に相談して法的アドバイスを受けることや、教員向けの研修を受けること、「法令に基づく対応の徹底」とは、いじめ防止対策推進法等に基づいて、いじめ問題への対応が徹底されているか、弁護士が法的側面から確認すること、とされている。期待される効果として、いじめの防止、校務の効率化・負担軽減を図ることとされた。

⑥2019年１月、中教審答申においては、保護者等からの過剰な苦情や不当な

要求等への対応が求められる場合や、児童生徒を取り巻く問題に関して法的側面からの助言が必要な場合について、SL 等の専門家の配置を進めるべきとした。

⑦2019年 3 月19日児童虐待対策に関する関係閣僚会議において、児童虐待防止・対応に関する体制強化として SL の教育委員会への配置をあげた。なお、ここでの SL は「学校で生じる問題に対応する弁護士」と定義されている。

⑧2019年 3 月に文科省が実施した教育委員会調査にて、76％の市町村教育委員会が、法的な専門知識を有する者が必要であると回答したこと等を受け、虐待対応、学校や教育委員会への過剰な要求、学校事故への対応等の諸課題について、法律の専門家への相談を必要とする機会が増加しているとして、同年 9 月、文科大臣が300人の SL を配置する方針を明らかにし、2020年度より法務相談経費について普通交付税措置が講じられた（2020年 1 月24日付文科省初等中等教育局長事務連絡。以下、「事務連絡」という）。

⑨2020年12月には「教育行政に係わる法務相談体制構築に向けた手引き」（以下、文科省『手引き』という）が発行され、深刻な児童生徒間トラブル、保護者等から児童生徒への虐待、外部からの威圧的な言動を伴う過剰な要求や、教師の業務の負担軽減、初期対応の段階で予防的に弁護士が関わることで速やかな問題解決に繋がることなどを理由に、すべての学校において法務相談ができる体制を構築することが急務であるとされた。

表 1　学校の弁護士関与に関する見解

時期	見解等の主体	SL に求めるもの
2013年	教育再生実行会議	いじめ対応
2013年	文科省	いじめ対応
2015年	中教審「チーム学校」答申	不当な要望等への対応
2017年	文科大臣決定	過剰な苦情や不当要求対応

2019年	文科省概算要求	いじめ予防教育、法的相談、法令に基づく対応
2019年	中教審「学校における働き方改革」答申	過剰な苦情や不当要求、児童を取り巻く問題への法的助言
2019年	関係閣僚会議	児童虐待防止・対応に関する体制強化
2020年	文科省初等中等教育長事務連絡	虐待、過剰要求、学校事故対応等

　表1のように、政策面において弁護士ないしSLに求められる役割は、当初は検討主体ごとによって異なったものの、年数を重ねるごとにそれらが一体化・拡大化していったといえ、何が求められているのかは必ずしも明確ではない。

　他方、2018年、日弁連は、「『スクールロイヤー』の整備を求める意見書」を公表した。日弁連は、「SL」の定義を、「学校で発生する様々な問題について、子どもの最善の利益を念頭に置きつつ、教育や福祉等の視点を取り入れながら、法的観点から継続的に学校助言を行う弁護士」とし、SLを活用する制度を構築・整備すること、SL制度の調査研究を行うこと、法整備及び財政的措置を求めた。

【2】 スクールロイヤーの定義と役割

1　上述のように、SLに求められる役割が年数を重ねるごとに一体化・拡大化していったこともあり、SLにも、様々な形態がある。しかし、SLの役割を誤ると、逆に紛争を拡大しかねない。そこで、SLの定義と役割について、現時点の考えを整理する。

　　文科省『手引き』では、そもそも「SL」という言葉は使用していないが、弁護士に依頼できることとして、早期の段階から相談にのり、法的課題の深刻化を防ぐ助言・アドバイザー業務、限度を超えた要求や危害を加えるような発言があるような場合や、保護者側に代理人がついた場合など

の代理・保護者との面談への同席等（ケース会議への参加も含む）、教職員や
教育委員会への研修、児童生徒に対してのいじめや法教育などの出張授業
が例としてあげられている。

　SL について書かれた書籍によっても、定義や役割は一律ではない。①
「学校内弁護士」である神内聡は、SL は、紛争が発生した場合に、教員
と子ども・保護者の継続的な関係を見据えた助言を行うことを業務とする
と述べている。他方、SL の定義については、一般的に「学校設置者から
の委託を受けて教育現場に対する相談や助言を行う弁護士」としつつ「ス
クールロイヤーは子どもや保護者の側ではなく学校設置者の側に立つ弁護
士」であって、「スクールロイヤー＝子どものための弁護士」と理解する
ことは難しいとする。その上で、「学校設置者からの委託を受けた弁護士」
だけではなく、子どもや保護者の側にたっていじめ問題に取り組む弁護士
や、「学校内弁護士」も含んで概念を広く理解することが重要と述べるが、
神内の指摘する業務の内容や、SL と学校内弁護士を峻別して述べている
ことからすると、結局、「学校設置者からの委託を受けて教育現場に対す
る相談や助言を行う弁護士」を（狭義の）SL と捉えているものと考えられ
る。また、SL を「子どもや保護者の側ではなく学校設置者の側に立つ弁
護士」とする点も特徴的である。(神内聡「スクールロイヤー学校現場の事例
で学ぶ教育紛争実務」日本加除出版、2018年)、②「特定非営利活動法人ストッ
プいじめ！ナビ」に所属する弁護士らは、学校という「場」そのものを守
るため、教育現場から人権侵害をなくしていくための活動を求められる
「場の法律家」であると SL を定義し、その目的を学校から「人権侵害や
そのおそれを減らす」こととする（ストップいじめ！ナビスクールロイヤーチ
ーム編「スクールロイヤーにできること」日本評論社、2019年)。③弁護士で社
会福祉士でもある石坂らは、子どもの最善の利益を考えて学校に対して助
言を行う機能に加え、他の社会的資源との調整役としての機能を有する存
在として捉え、学校の代理人でも保護者の代弁者でもなく、第三者として

の立場にいることが重要とする（石坂浩ら「実践事例からみるスクールロイヤーの実務」日本法令、2020年）。

　日弁連は、「学校で発生する様々な問題に対して、裁判になってから関わるのではなく、むしろトラブルが予測されそうな段階から、学校の相談相手としての立場で、子どもの最善の利益の観点から、教育や福祉、子どもの権利等の視点を取り入れながら継続的に助言する弁護士」をSLと定義し、その役割は、学校側からの依頼により内部的に助言・指導を行うものであって、学校側の代理人となって対外的な活動を行うものではないとする。

2　それでは、SLは、学校設置者・学校・子ども・保護者いずれの立場にたつどのような弁護士であるべきか。

　SLと、顧問弁護士と比較することが、SLの定義を考えるヒントになるであろう。顧問弁護士とは、自治体が顧問契約をしている自治体の代理人となる弁護士で、学校だけではなく、行政全般の問題を扱うため、特に教育や福祉に詳しい弁護士がなるわけではない。以前、ある校長から「顧問弁護士にお願いすると、保護者との関係を断ち切るような文書を作ってこられて、非常に困る」という話を聞いたことがあるが、学校というのは、裁判のように、法律を適用して答えが出るものではなく、子どもの教育を受ける権利を保障する場であるから、例えば不当要求の場合のように相手を排除することはできず、どのように継続的に良好な関係を築くことができるかを考えなくてはならない。そのため、学校と保護者、学校と子ども、子ども（家庭）と子ども（家庭）との間で紛争が生じている場合、いずれの場合でも、法的知識のみでは真の紛争解決には至らない。学校における真の紛争解決とは、すべての子どもたちが安心して学校に通え、学びが保障され、学校の中のあらゆる種類の人権侵害（教師の人権も当然含む）をなくすことである。例えば、過剰要求を保護者がしてきたとしても、子は親を選んで産まれてくるわけではないのだから、何ら責任はなく、子どもが

安心して学校に通えるようにしなくてはならない。そのためには、法律を杓子定規に適用するのではなく、問題の背景に何があるかを考え、対処療法ではなく、根本治療を目指していくことが必要である。学校で起きる様々な問題の背景には、学校そのものの対応や制度の問題に加え、虐待、貧困、障害などの様々な要因がある。そのため、学校教育法を始めとする教育に関する法律やいじめ防止対策基本法など学校に直接関わる法律だけではなく、子どもの権利条約はもちろん、障害者権利条約、発達障害者支援法、児童福祉法、虐待防止法、配偶者暴力防止法、自治体の子ども条例などの法律等及びその実務や具体的な支援先・連携先などを知っていることが必要である。松原・間宮・伊藤が行ったアンケートでも、71.4％の教育委員会が「教育や子どもに理解のある SL の採用」が SL 制度が有効に働くために特に必要と答えている。(第 3 章 45 頁参照)

　日本は、1994 年、子どもの権利条約を批准した。子どもにかかわるすべての活動において、子どもの最善の利益が第一次的に考慮されなければならない(子どもの権利条約 3 条)。学校においても、それは何ら異ならない。学校は教育の場であり、教育を受ける権利は子どもたちの権利である。それを考えたとき、SL は、学校の味方でも、保護者の味方でもなく、子どもの単純な味方でもなく、独立した子どもの最善の利益を実現する立場として、関係者間の緊張関係を作らないようにし、できてしまった緊張関係を緩める役割を担うことが望ましい。

　したがって、子どもの諸権利の保障、および、子どもの最善の利益の実現を目的として、教育的・福祉的なアプローチを用いつつ、子どもの権利の視点に立って関係者の対話を促し、子どもが育つ環境や関係性に働きかけながら法的助言を行っていく弁護士を SL と呼ぶべきであろう。

【3】 スクールロイヤーの形態

最後に、SL の形態について確認をしておこう。SL の形態としては、様々

なものが考えられる。私立学校であれば、直接弁護士と非常勤として契約をしたり、常勤として雇用することも可能であろう。他方、公立の場合は、自治体により、様々な方式がある。

①基礎自治体による SL の委託（非常勤）

　　基礎自治体が、直接 SL と委託契約をする場合である。多くの場合は、非常勤での委託契約である（第9章参照）。基礎自治体での契約のため、SL が担当する学校数が比較的少なく、学校を巡回するなどの方法をとることができるため、学校での相談が受けやすいというメリットがある。また、ひとつの自治体に特化して対応することで、その自治体の支援先の情報を SL が入手しやすくなり、適切な支援先と繋がりやすくなるであろう。ただし、法律事務所が多い県庁所在地などでは、利益相反の問題が生じやすいというデメリットがある。（第9章Ⅰ・Ⅱ参照）

②基礎自治体による直接雇用（常勤）

　　自治体が任期付き公務員等として直接雇用する場合である。他の SL とは異なり、基礎自治体の専従となるため、いつでも相談対応してもらえるというメリットがある。一方、公募のため教育や福祉に精通する弁護士を雇用しにくいこと、SL の中立性・独立性という立場が貫徹しにくく学校側の弁護士と見られることが多くなり、保護者の不信感を招きやすいことなどのデメリットがある。SL のみの職務で雇用している自治体もあるが、法務と SL を兼ねる自治体もある。

③都道府県教育委員会（教育事務所）による委託（非常勤）

　　都道府県教育委員会が契約し、年間に決まった相談件数内や時間内で相談を行う。教育事務所ごとに配置される場合もある。県単位での契約のため、費用が抑えられるが、地域が広いため、緊急対応が難しいことや、弁護士が地域の特性を知らないこと、地域の福祉機関との繋がりが作りにくいことなどのデメリットがある。（第9章Ⅲ参照）

いずれも、弁護士は、自治体や教育委員会がたまたま知っている弁護士で

はなく、子どもの権利や教育・福祉に詳しい弁護士を探すことが望ましい。各都道府県にある弁護士会に、子どもの権利や教育・福祉に詳しい弁護士の推薦依頼をすることもできるので、活用することを勧めたい。

（間宮静香）

第3章　アンケート調査から見えるスクールロイヤー

【1】スクールロイヤーに関するアンケート調査（概要）

　松原・間宮・伊藤は、2020年3月から5月にかけて、スクールロイヤー（以下、SLという）を導入している全国の教育委員会（以下、教委という）・学校・SL担当者の三者に対して質問紙法による調査を実施した。三者の調査対象数・回答数・回答率は、順に、教委：32・14・43.8％、弁護士会：12・6・50％（回答したSLは計22人）、学校：42・7・16.7％であった。折悪しく、実施時期がCOVID-19の感染拡大と重なり、とりわけ休校措置等の対応に追われていた学校からの回答が十分に得られなかったのは残念であったが、そのような状況下にありながらも、示唆に富む調査結果を得ることができた[1]。

　質問は教委29項目・SL25項目・学校21項目から成り、①SL制度の概要と現状（SLの人数・勤務形態・報酬・人選形態・対応範囲・対応件数・活動実態・要望等）、②「チーム学校」との関係、③SL導入の効果と影響（教職員のゆとり・問題解決力・権利意識・教育活動・「法化」等）、④SL制度が有効に働くための条件等が柱になっているが、本章では、その中のいくつかに絞って、回答結果について考察していきたい。なお、本章末尾にある表は、ここで考察対象とする質問と結果を一覧にしたものである（以下、一覧表という）。

【2】スクールロイヤーの対応事案と「ゆとり」効果

　次ページの図は、制度開始から回答時までに対応してきた、回答のあった全SLの問題種別ごとの対応数（実数）の合算である。SL導入においては「過剰な要求」「教職員の負担軽減」「いじめ」「虐待」「学校事故」等への対応が政策意図として想定されていたが、図を見る限り、その目的はほぼ達成

34

SL が対応した問題種別と対応総数

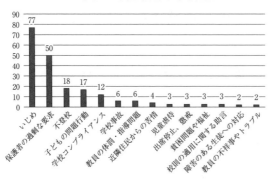

されていると言える。「不登校」への対応が三番目の多さになっていることが注目されるが、近年、この問題への学校側の責任が広く問われつつある傾向の表れと言えよう。この他にも「PTA 役員間のトラブル」「管理職と教委の間のトラブル」等々の回答があったが、これらの問題が果たして SL 制度の対象となるべき案件と言えるかどうか、調査結果からは、SL という仕事の守備範囲がいまだ定まっていない現状も見えてくる。

　次に、SL 導入による「教職員の負担軽減」の効果はどうであろうか。「SL の関与によって教職員にゆとり（時間的・精神的）が生まれていると思いますか」（一覧表の**質問1**）に対して、教委の85.7%、学校の57.1%が肯定的回答をしており、SL 制度はこの目的においても一定の成果をあげていることがわかる。ただし、理由を見ると、そのほとんどが「精神的なゆとり」であり、将来、これが教員の多忙化解消につながる「時間的なゆとり」へとつながるかどうかは現時点では判断できない。

【3】スクールロイヤーの制度的条件

　アンケートの結果から、SL の制度的条件に関する三者（教委・SL・学校）の捉え方とその違いを見ておきたい。「SL 制度が有効に働くために特に必要と思われる条件を次のうちから4つ選んで下さい」という三者への質問を行った（一覧表の**質問9・10・11**）。SL で多かった回答は「SL の勤務条件（報酬

を含む）を改善すること」及び「教育や子どもに理解ある SL を採用すること」（ともに59.1%）であり、教委においては「教育や子どもに理解ある SL の採用」（71.4%）、学校においては「SL の学校への訪問回数の増加」（71.4%）であった。SL が「勤務条件の改善」を第一に挙げていることは当然としても、「教育や子どもに理解ある SL の採用」は SL も教委も最も多くなっており、両者の共通認識であることが分かる。教委の自由記述欄には、「どの弁護士さんでも勤まるというわけではなく、学校事情に詳しくないと SL は勤まらないと思う」との回答もあった。

　SL の人選に関しては、アンケート結果によると、86.4%の教育委員会が弁護士会を通して推薦依頼をかけ、SL にふさわしい弁護士を SL としている。現在、各地の弁護士会の中で SL を中心的に担っているのは、いわゆる子どもの権利委員会や法教育委員会の委員であることがアンケートからも裏付けられている（回答した SL 全員がこれに該当していた）。他方、アンケートでは、弁護士会を通さず直接弁護士を依頼した教育委員会が13.6%あった。そのような場合、子どもの権利や、教育及び福祉的視点を有する弁護士が SL となっているか否かは不明である。また、任期付き公務員として弁護士を採用している自治体もあるが、同様の問題が生ずる。SL の人選形態は、制度的条件の最上位にあった「教育や子どもに理解ある SL の採用」に直結する。アンケートでは、この観点から、SL に対し「子どもの最善の利益を中心においた活動ができているか」という質問もしたが（**質問14**）、95.5%が肯定的回答であった。

　学校が考える制度的条件の第一位である「SL の学校への訪問回数の増加」は、迅速な相談に応じて欲しい学校からの切実な要望である。**質問 8** を見ると、SL の学校に対する要望も、「こじれる前にもっと早く相談して欲しい」という回答が77.3%と最も高い割合となっている。両者の要望を満たすためには、SL の数自体を増やし、学校への訪問回数を増加させることが必要と言えよう。アンケートによれば、現在、SL の担当校数は、最大で150校であ

り、一人の SL が多くの学校を担当していることがわかる。SL の役割のひとつに、初期対応から予防的に関わることによる速やかな問題解決があるが、一人当たりの担当校数が多ければ、早期相談の実施は困難である。また、相談希望件数が多い場合、教委が SL に相談すべき事柄を取捨選択することとなるが、法的問題であるか否か、SL の早期介入が必要なものか否かの振り分けを適切に行うことは困難である。さらに、担当校数が多いことによって学校訪問することが難しくなれば、SL は教委や法律事務所等で相談を受けることになるが（文科省『手引き』7頁）、もし現状のように学校管理職のみがその場所を訪問するとすれば、管理職は SL が必要と考える情報を必ずしも把握しているとは限らず、限定的な情報によって SL は判断をしなければならないことになる。後述する**質問7**の回答から見ても、SL は、一次情報を持つ担任やスクールカウンセラー（SC）、スクールソーシャルワーカー（SSWr）から直接聴取でき、現場の様子をつかむことを強く望んでいる。

　以上のような制度的制約を改善するためには、SL 制度への国の財政的支援の増大が不可欠である。アンケートの自由記述欄においても、SL と教委の両者から、国による自治体への予算措置の増加を求める声が多数あった。そこには、対象校の増加に伴う SL の人員増は不可避である一方で、高度な専門的知識を持つ人への依頼は低額であるわけにはいかないという自治体の葛藤がにじみ出ている。

【4】スクールロイヤーと「チーム学校」

　近年、教育領域でしばしば聞かれる「チーム学校」とはいったいどんな考え方を言うのだろうか。『チームとしての学校の在り方と今後の改善方策について』（2015年12月21日「中教審」答申）の中から、いくつか該当箇所を拾ってみたい。

　「これまでの文部科学省や OECD 等の調査によると、我が国の教員は、授業に関する業務が大半を占めている欧米の教員と比較すると、授業に加え

生徒指導、部活動など様々な業務を行っていることが明らかとなっており、勤務時間も、国際的に見て長いという結果が出ている。」「教職員総数に占める教員以外のスタッフの割合は、日本が約18%であるのに対して、米国が約44%、英国が約49%となっているなど、諸外国と比較した我が国の学校の教職員構造は、教員以外のスタッフの配置が少ない状況にあると考えられる。この調査結果から、我が国の教員は、多くの業務を担わざるを得ない状況になっていることがうかがえる。」「これからの学校が教育課程の改善等を実現し、複雑化・多様化した課題を解決していくためには、学校の組織としての在り方や、学校の組織文化に基づく業務の在り方などを見直し、『チームとしての学校』を作り上げていくことが大切である。」

　要するところ、「チーム学校」とは「教員が子供と向き合う時間を十分に確保するため、教員に加えて、事務職員や、心理や福祉等の専門家等が教育活動や学校運営に参画、連携、分担して校務を担う体制」のことである（同『答申』10頁）。

　ここから分かることは、「チーム学校」は、まず第一に"教員のための政策"であるということである。しかし、同時に、上記の「複雑化・多様化した課題を解決していくため」という言葉に見られる通り、「チーム学校」には、今日の世界的潮流である"学校の新しい役割"に対応していくという一面もある。換言すれば、学校の福祉的機能の拡大への対応である[2]。

　ところで、同『答申』には、「学校の教職員が、保護者や地域からの要望等に対応するため、弁護士等の専門家から支援を受けたり、専門的な知見を直接聞いたりすることができるような仕組みを教育委員会が構築する」とも書かれ、現在の SL 制度につながる提案もなされている。つまり、法律家や弁護士がなんらかの形で「チーム学校」に関わる可能性があるということである。もしそうだとすれば、どんな関わり方が、学校にとって、子どもにとって、法律家にとって適切なのだろうか。以下、アンケートの結果から考察してみたい。

　アンケートでは、まず SL に「チーム学校の一員としての意識はあります
か」という質問をしてみた（**質問17**）。これに対しては、63.6%が否定的なも
のであった。SL の回答を見ると、チームのメンバーになりにくい理由とし
て、「教委が相談ケースをスクリーニングしており、学校との間に教委が挟
まるから」「そもそも関係業種間で意見交換や意思疎通の機会がほとんどな
い」等が記されている。もっとも、回答者である SL は「チーム学校」自体
を否定しているわけではない。**質問18**の結果によれば、68.1%が「チームメ
ンバーであること」が大切であるとも考えている。しかし、それ以上に「外
部性が大事」と考える数字が高いのである。それは86.3%にのぼっている
（両方とも大事という回答は54.5%）。自由記述欄を見ても、子どもの最善の利
益をまもるためには、学校との距離感や外部性が必要だと回答しているもの
が多い。この外部性を重視する傾向は教委においても見られるものである。
同趣旨の質問で、57.1%の教委が「外部性が大事」と答えており、その理由
として、「学校の状況を理解しつつ、子どものために公平な立ち位置でかか
わってほしいと考える」「外部性があるからこそ、横断的・総合的な助言が
可能であるため」「SL は、学校側の代理人ではなく、第三者的に判断する立
場であるため」「顧問弁護士ではないので、客観性を持つべき立場であり、
学校や教委の対応に問題がある時には厳しいことを言える存在であるべきと
考える」等を挙げている。これらの回答結果は、今後の SL 制度の設計にお
いても大いに参考にされるべきであろう。

　加えて、アンケートの数字からは、学校管理職を除くチームメンバーと
SL との交流の乏しさも浮かび上がってくる。**質問7** の回答を見ると、SL は
多職種との協力関係を強く望んでおり、特に SC や SSW との協力関係を望
むと回答した割合は、校長、教頭、教育委員会と回答した数字と同じ72.7%
であった。また、仕事上の協力関係を望む人について、複数選択で6個以上
をあげた SL の割合は63.6%となっている。一方、**質問6** の回答によれば、
実際に SL が関わりをもっているのは、ほとんどが校長と教頭（副校長）に

限られていることがわかる。今後、SL 制度を有効に機能させるためには、SL と多職種との積極的な交流が不可欠である。後述するように、その方法の一つとして、学校ケース会議等へのSL の参加の仕組みなども考えられてよい。

　総じて、アンケート結果は、文科省と SL の描く「チーム学校」像が相当に異なっている事実を物語る。SL の考える「チーム学校」は子どもの最善の利益をまもるためのものである。チームの中心には、常に「子ども」が位置づいている。これに対し、文科省の考える「チーム学校」は、右図Aのように、どこにも子どものいない、教職員組織を強調した「チーム学校」である。言葉を変えれば、本節の冒頭に述べたような"教員のための政策"としての「チーム学校」の色彩

図A　「チームとしての学校」像（イメージ図）文科省

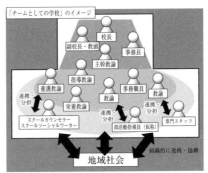

文科省初等中等教育分科会「チームとしての学校・教職員の在り方に関する作業部会」作成

図B　「チーム医療」モデル

厚労省第11回「チーム医療の推進に関する検討会」配布資料を基に筆者作成

図C　専門職協働としての「チーム学校」モデル

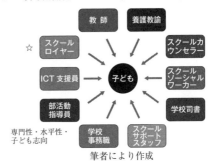

筆者により作成

が強い。もともと「チーム学校」構想がモデルとした「チーム医療」では、図Bのように中心に「患者」が位置づいていた。もし「チーム学校」を本来の子どものための専門職連携ないし専門職協働として捉えるならば、その姿は当然に図Cのようにならなければならないだろう。アンケート調査におけるSLの回答から見えてくる「チーム学校」の姿もまさにそのようなものであった。

【5】学校の「法化」とスクールロイヤー

労働法学者である西谷敏によれば、「法化」とは、「全体として国家機能が肥大化し、従来は社会・経済に委ねられていた領域にまで国家＝法が介入するほか、法そのものがますます細分化・精密化され、人間の社会・経済生活を網の目のように支配しているという事態をさす概念」をいう[3]。このような「法化」現象は、社会にプラス面とマイナス面の両方をもたらす。プラス面は、社会そのものを、それまでの"権威主義"（authoritarianism）から"権利"（rights）を基盤とする方向へと変え、マイノリティなどの社会的弱者に力を与えることである[4]。しかし、その一方で、「法化」は深刻なマイナス面を社会にもたらす。ドイツの社会哲学者のユルゲン・ハーバーマスの言葉を借りて、教育に関するそれを述べるならば、本来「コミュニケーション的行為に基づき進行」し、「法的規制から独立して機能するものでなければならない」はずの学校という"生活世界"が、法という"システム"の侵入により、司法化や官僚制化を強め、次第に"非人間化、責任回避、非活性化"していくのである[5]。今回のSLの導入は、教育や学校に法の専門家である弁護士がより強く関与するようになるという点において、上述の「法化」の問題と無縁ではない。SL制度をこのような「法化」の視点から捉えると、そのプラス面とマイナス面はどのような形であらわれてくるのだろうか。以下、アンケートの結果を見ながら考えてみたい。

まず、「SLの導入によって学校現場の法化が進んでいくと思うか」という

質問（**質問15**）に対しては、SL の59.1％、学校の85.7％が肯定的回答をして
おり、教育委員会においても57.1％が肯定している。また、「SL の導入によ
り子どもや教職員の権利意識が高まるか」という質問（**質問16**）については、
SL の63.6％、学校の57.1％が肯定的な回答をし、教育委員会においては
35.7％が肯定している。この数字に基づけば、学校現場への法や権利の浸透
は強まっていくように思われる。実際、今日、多くの学校では、校則や持ち
物の規制、制服、内申点、長時間の部活動など、子どもを管理することが当
然のように行われ、また、文科省の調査によると、2018年度に明らかになっ
た体罰だけでも767件あり、発覚していない暗数を含めると、多くの子ども
たちが「指導のため」という名目で、学校において権利侵害を受けている状
況が推察される。これらは「子どもの権利」がまもられていないことから生
じているという思いが SL には強い。

　これに対し、**質問16**の学校の自由記述欄を見ると、その複雑な思いも伝わ
ってくる。「子どもの権利について今まで不十分な対応が多かった。SL の導
入はそのことも理由だと考えているから」と子どもの権利を肯定的に捉える
回答とともに、「SL に子どもの人権意識高揚の観点でかかわっていただく予
定がないため」という消極的な記述もある。教育委員会の自由記述も同様で
ある。「スクールロイヤーが実施する研修のテーマの一つがこどもの人権で
あるため」「出前授業により、SL が基本的人権の大切さについて、講話等
を行うことで、権利意識は高まる」との回答がある一方で、「子どもや教職
員の権利という視点で、生徒への指導や教職員研修を検討していないため」
という消極的な回答もある。加えて、「SL の導入によって教職員は法令や
条例をより意識するようになったか」という別の質問に対しては、86.4％の
SL が肯定的回答をしているが、わが国の場合、そうした法令遵守の意識が、
学校現場における「子どもの権利」意識の喚起へとつながっていくかどうか
は即断できない。日本の関係法令は管理的な性格のものも多く、必ずしも、
子どもの権利に基づいて書かれてはいないからである。結局、教職員の「子

どもの権利」意識の高まりは、子どもの権利に基づく対応の方が問題解決を速めることを理解する経験の蓄積によるところが大きいように思われる。実際、**質問16**の SL の自由記述欄にも、学校での権利意識が高まっていく理由として、「学校現場における権利意識が高まることによって予防されるトラブルがあることを子どもも教職員も実感していくと思うから」というものがあった。「SL として関与してきた仕事は何か」「SL の仕事として適していることは何か」という質問（**質問12・13**）に対する SL の回答において、「教職員への研修」が90％を超えていることから、今後は、子どもの権利をまもることの "メリット" を中心にした、SL による教職員向けの研修の機会を増やすことも検討されてよい。

　一方、アンケート結果からは、「はじめに」で述べた、法化による教育活動の硬直化や "訴訟防衛的官僚制" 化の懸念も現実のものとして浮かび上がってくる。先に述べた通り、「SL の導入によって学校現場の法化が進んでいくと思うか」という質問（**質問15**）に対する学校の肯定的回答の割合は高いが（85.7％）、その理由欄には、「説明責任を果たすためには法を意識した教育活動を行うことが必要だから」「保護者も法について勉強し、詳しい知識を持って訴えてくることがあるから」（それゆえ、こちらも法でまもる必要がある）という回答が複数あったことが注目される。

　学校教育におけるすべての活動が法律に基づかなくてはならないとなると、一人ひとりの子どもの成長発達に応じて行うべき教育活動が硬直化し、子どもの最善の利益を侵害する危険がある。法的側面を強調しすぎることは、教員の教育的見地ではなく SL の法的見地によって教育活動の内容が決定づけられていくことになりかねず、ひいては教育活動そのものの衰退に繋がりかねない。上述の**質問15**の SL の回答にも、「長期的に見れば、児童相談所における弁護士配置が進んだことによって、児童福祉の現場で起きているのと同様の傾向が現れる可能性はある」「教職員の裁量が狭まる方向に行っており、また、保護者等の権利意識が強くなる中、最後は法的措置になるのでは

ないかと思われる」との記述が見られた。教育活動に関わる決定は、法律家がなすものではなく、「チーム学校」の中で、法、心理、福祉等さまざまな専門家の知見を借りながら教育の専門家としての教師と教職員集団が最終的に対応方針を決めていくことが望ましい。

　SL 制度の導入が教育過程の法的統制を強めて司法化や官僚制化を推し進める方向に向かうのか、あるいは、SL の対話的な紛争解決手法と子どもの関係的権利の浸透を通して、ハーバーマスが言うような本来のコミュニケーション的行為に基づく教育機能を強化する方向に向かうのか、SL と「法化」をめぐって、われわれは今、その岐路に立っていることをアンケート結果は示していると言えよう。

（松原信継・間宮静香・伊藤健治）

注

（1）松原信継『「スクールロイヤーの活動に関わるアンケート調査」結果』（2021年10月）。

（2）「第Ⅱ部 学校の役割・教職員等指導体制の海外比較研究」『学校組織全体の総合力を高める教職員配置とマネジメントに関する調査研究報告書』（2017年3月）、国立教育政策研究所、参照。

（3）西谷敏「現代法論の新たな展開に向けて」『法の科学〈第15号〉』民主主義科学者協会法律部会、1987年、213-214頁。松原信継『アメリカにおける教育官僚制の発展と克服に関する研究―歴史的・制度的視点から』風間書房、2012年、320-325頁、377-378頁参照。

（4）Steven S. Goldberg, "Schools Versus Student's Right: Can Alternative Dispute Resolution Build Community ?," *Journal for a Just and Caring Education*, Vol. 1 No. 2（April 1995）, pp. 234-235.

（5）ユルゲン・ハーバーマス著／丸山高司ほか訳『コミュニケイション的行為の理論（下）』未来社、1996年、374-381頁。

[スクールロイヤーの活動に関わる調査] アンケート結果一覧 (実施時期:2020年3月~5月)

	回答者	質問事項	肯定的回答	否定的回答	無回答	理由
質問1	教委	SLの関与によって教職員の心のゆとり(時間的あるいは精神的なもの)が生まれていると思いますか。	85.7%	0%	14.3%	「SLを活用した多くの学校から『これまでの進め方で間違っていないことが分かり、自信を持って対応できるようになった』という声を聞いており、精神的なゆとりが生まれていると思われる」「時間的なゆとりは生まれていないが、法的視点から第三者からの助言を得られるという安心感が生まれた」「アンケート結果から、活用した学校の5割以上から安心感を得られたとの回答を得られた」等
質問2	学校	同上	57.1%	42.9%	0%	「直接事案に関わる教職員にとってアドバイスや安心感につながる」「法的根拠に基づいて安心して仕事をすることができるからだ」「第三者的な確かな指示や意見をもらえるので、それを知った上で対応できる。心強い」「本校ではSLは多文化が解消されるのではないため」等
質問3	SL	紛争や問題が生じたとき、子ども自身と話しましたか(話したか)	0%	100%	0%	「実施する訳だがSL事案が当事者性や利益相反の間柄が生じているおそれがあるため、学校現場では法律家は謙抑的であるべき(当事者である学校が主となって対応するべき)と考えるので」「子どもと話す制度設計がなっていないため」等
質問3	SL	紛争や問題が生じたとき、保護者と話しましたか(話したか)	13.6%	86.4%	0%	「一定の中立性確保のため、子ども・保護者とは対峙しない制度設計になっているから」「具体的な取り決めて、児童・生徒及びその保護者への対応はしないことになっているから」「保護者にも代理人が付いていることがある。保護者への説明と専門家への相談の示唆の必要があったのち保護者と話した」等
質問4	SL	問題がこじれた場合、学校や保護者の間の調整や仲裁などをしたいと思いますか	54.5%	45.5%	0%	「そのような役割はSLではなく、他の仲裁機関がすべきと考えるため」「一定の必要性は理解できるものの、制度の枠を超えるから」「そのような仕組みを必要とし、弁護士は適していると思う」「それはSLの役割ではなく、スクールロイヤーの立場では難しいと思うが、権利擁護機関や仲裁機関が担うべき学校問題について、信頼関係が保てるか疑問」等
質問4	学校	上記をしてもらいたいと思いますか	85.7%	14.3%	0%	

質問5 学校回答:SLに対して次のうちのどれを望みますか。[複数回答]
1:14.3% 2:14.3% 3:0% 4:0% 5:0% 6:42.9% 7:14.3% 8:42.9% 9:57.1% 10:28.6%
1. 依頼された案件について、学校がもっと協力したらいい。2. 学校の意見や考えをもっと動いて欲しい。3. 相談もなく、勝手に動いて欲しくない。4. 依頼した以上、子どもの「最善の利益」をもっと考えて欲しい。5. 保護者ともっと面談して欲しい。6. 問題解決を第一に心がけて欲しい。7. 子どもに法的知識をもっと与えて欲しい。8. 保護者と学校の間に立って調停や仲裁に立って欲しい。9. 管理職や教職員にもっと法的知識を与えて欲しい。10. その他

質問6 学校回答:質問5 はあなたのどの人たちと関わりがありますか。[複数回答]
1:100% 2:85.7% 3:0% 4:0% 5:14.3% 6:0% 7:0% 8:0% 9:0% 10:42.9% 11:14.3% 12:14.3%
1. 校長 2. 教頭(副校長) 3. 主幹教諭・主任 4. 生徒指導主事 5. 当該学級担任 6. 当該学級担任以外の教員 7. 学校事務職員 8. SCやSSW 9. 養護教諭 10. 教育委員会の担当者 11. ケース会議のメンバー 12. その他

質問7 SL回答:SLの仕事で、特に、次のどの人たちとの協力関係を望みますか。[複数回答]
1:72.7% 2:72.7% 3:54.5% 4:54.5% 5:54.5% 6:9.1% 7:0% 8:72.7% 9:31.8% 10:72.7% 11:27.3% 12:27.3%
1. 校長 2. 教頭(副校長) 3. 主幹教諭・主任 4. 生徒指導主事 5. 当該学級担任 6. 当該学級担任以外の教員 7. 学校事務職員 8. SCやSSW 9. 養護教諭 10. 教育委員会の担当者 11. ケース会議のメンバー 12. その他

質問8	SL	SL 回答：SL の仕事をする上で、学校に対して次のうちのどれを望みますか。[複数回答] 1：0%　2：31.8%　3：63.6%　4：13.6%　5：77.3%　6：40.9%　7：4.5%　8：0%　9：31.8%　10：45.5%　11：22.7%　12：22.7%　13：4.5% 1. 依頼された案件については、口を挟まずすべて任せて欲しい。2. 意見や考え方をもっと率直に開かせて欲しい。3. 学校ともっと協力的に動いて欲しい。4. 相談もなく学校は動いて欲しくない。5. こまめに相談にのってもらうより面談以外の教職員とも話す機会をもっと増やして欲しい。6. 管理職以外の教職員とも話す機会をもっと増やして欲しい。7. 保護者をも面談の機会をもっと増やして話す機会を増やして欲しい。8. 問題解決という結果だけが急がないで欲しい。9. 子どもの最善の利益をもっと考えて動いて欲しい。10. 子どもの最善の利益をもっと持って欲しい。11. 学校の体面だけを考えるのはやめて欲しい。12. 管理職や教職員が基本的な法知識をもっと持って欲しい。13. その他
質問9	SL	SL 回答：SL 制度に必要に特に必要と思われる条件を次のうちから4つ選んでください。 1：31.8%　2：59.1%　3：59.1%　4：40.9%　5：45.5%　6：18.2%　7：18.2%　8：4.5%　9：36.4%　10：45.5%　11：9.1%　12：40.9%　13：27.3%　14：4.5% 1. SL の数を増やすこと。2. 教職員間の SL 制度への理解。3. 教育や子どもに理解あるSL を採用すること。4. 学校管理職の SL 制度の理解。5. SL の勤務条件（報酬を含む）を改善すること。6. 学校の指導方法や方針についての SL の理解。7. 子どもの「最善の利益」を考えた動き。8. 教職員と SL のコミュニケーションの促進。9. 教職員との十分なコミュニケーション。10. SL の仕事についての世間的理解。11. SL 制度への学校の協力体制の強化。12. 教育委員会の一層の支援。13. SL 制度の理念の一層の浸透。14. その他
質問10	教委	教委回答：SL 制度に必要に特に必要と思われる条件を次のうちから4つ選んでください。 1：21.4%　2：14.3%　3：71.4%　4：0%　5：50.0%　6：14.3%　7：14.3%　8：0%　9：14.3%　10：21.4%　11：28.6%　12：0%　13：0% 1. SL の人数の増加。2. SL の学校への訪問回数の増加。3. 教育や子どもに理解あるSL の採用。4. SL の勤務条件の改善。5. 教職員間の SL 制度についての理解の増進。6. 学校の指導方法や方針についての SL の理解。7. 「チーム学校」の理念の一層の浸透。8. 子どもの「最善の利益」を考えた動き。9. 教職員と SL のコミュニケーションの促進。10. 教育委員会の一層の支援。11. SL 制度への学校の協力体制の強化。12. SL の仕事についての世間的理解。13. その他
質問11	学校	学校回答：SL 制度が有効に動くために特に必要と思う条件を次のうちから4つ選んでください。 1：57.1%　2：71.4%　3：42.9%　4：42.9%　5：42.9%　6：14.3%　7：42.9%　8：14.3%　9：14.3%　10：28.6%　11：14.3%　12：0% 1. SL の人数を増やすこと。2. SL の学校への訪問回数の増加。3. 教育や子どもに理解あるSL の配置。4. SL 制度についての学校の教職員の理解の促進。5. 「チーム学校」の理念の一層の浸透。6. 学校の指導方法や方針についての SL の理解。7. 教育委員会の一層の支援。8. 子どもの「最善の利益」を考えた動き。9. 教職員と SL のコミュニケーションの促進。10. SL 制度への学校の協力体制の強化。11. SL 制度についての学校の教職員の理解の促進。12. その他
質問12	SL	SL 回答：これまでSL としてどの仕事に関与しましたか。 1：81.8%　2：100%　3：13.6%　4：22.7%　5：90.9%　6：18.2%　7：45.5%　8：54.5%　9：0% 1. 問題が発生する前の予防的助言（法規の解釈やコンプライアンスの助言を含む）2. 実際に紛争が生じた時の助言（当事者と会わない）3. 紛争（当事者を含む）に関する授業 4. 外部機関との連携 5. 教育機関への研修（法律相談）6. 法務局との相談、労働関係など 7. いじめ防止に関する全児童・生徒向け講演 8. 学校運営に関する相談 9. その他
質問13	SL	SL 回答：SL としての仕事として適しているのは次のうちのどれであると思いますか。 1：100%　2：100%　3：31.8%　4：63.6%　5：50.0%　6：50.0%　7：45.5%　8：59.1%　9：0% 1. 問題が発生する前の予防的助言（法規の解釈やコンプライアンスの助言を含む）2. 実際に紛争が生じた時の助言（当事者と会わない）3. 紛争（当事者を含む）に関する授業 4. 外部機関との連携 5. 教育機関への研修（法律相談）6. 法務局との相談、労働関係など 7. いじめ防止に関する全児童・生徒向け講演 8. 学校運営に関する相談 9. その他

質問14	SL	SL として子どもの「最善の利益」を中心においた活動ができていると思いますか。	95.5%	0%	4.5%

ここで述べられる「子どもの最善の利益」について、その中身が人によって異なる可能性があるため、その中身を今後、具体的な話に置き換えて、SL について議論していく場を設けていくことが必要だと思われる。抽象的な議論では駄目で、具体的に意識して活動していくことが必要で、その中身が学校からの話しか聞けていない現状のため、真に子どもの最善の利益にかなっているかは不安がある」等

質問	対象	質問内容	肯定	否定	その他	自由回答
質問15	SL	今後、SLの導入によって学校現場の「法化」が進んでいくと思いますか。	59.1%	40.9%	0%	「長期的に見れば、児童相談所における弁護士配置が進んだことによって、児童福祉の現場で起きているのと同様に、保護者や学校現場の権利意識の向上が表れる可能性はあると思う」「教職員一人への研修・法律などを通じて『法化』が法律なことを実感している」「現場の問題が法律に寄せていることを実感している（法的義務であることをはみ出さないことで）」「学校現場では日常的に教育機関であることは変わりないから」等
	学校	同上	85.7%	14.3%	0%	「保護者も法について勉強し、詳しい知識を持って訴えてくることがあるから」「説明責任を果たすためには法を意識していくのが必要だから」「法律での解決よりも、人間としての解決を大切にしているから」等
	教委	同上	57.1%	21.4%	21.4%	「教育現場での法の見えの甘さを指摘されているから」「『法化』は教育にとくによくない」「本自治体からの助言を念頭に」「福祉、心理面からの助言を多くとしているから」等
質問16	SL	今後、SLの導入によって学校における子ども・教職員の権利意識が高まっていくと思いますか。	63.6%	36.4%	0%	「SL活動現場における権利意識が高まることにとくに予防することやトラブルがあることにそれに気付かせていくところをSLが指導していく」「先生方は子どもの権利について気付かされることが多いから」「生徒や教職員の権利としての意識変化が感じられないから」「『子ども』の権利を目的としていないので」「個別に対応できるよう、SLが助言するから」「SLはそのような役割を代行するわけではないから」「教員や児童の権利を守するために、法令の順守を強く意識しているようになると思う」等
	学校	同上	57.1%	42.9%	0%	「子どもの権利について今まで不十分な対応が多かった。SLの導入はそのことも理由と考えているから」「子どもも意識するようになるから」「SLに子どもの人権意識向上の観点でかかわっていただくため」「SLの学校への関わりが、児童全体への波及するとはまだ思えない状態で、権利を活用しているまでとら思われないから」等
	教委	同上	35.7%	35.7%	28.6%	「スクールロイヤーが実施するのテーマの一つが子どもの人権であるため」「出前授業により、SLが基本的な人権について、講義等を行うことで、生徒への人権という視点で、生徒への波及するとはまだ思えない状態で、権利意識に影響を与えるまでとら至らない」等
質問17	SL	「チーム学校」の一員の意識はありますか。	36.4%	63.6%	0%	否定的回答の理由は：教育委員会が相談ケースをスクリーニングしており、学校との間に教委が挟まるから「子どもの人権を守るのが目的、そのために第三者的立場からアドバイスをするというスタンスで対応するため」「学校のメンバーとして対応することが子どもの最善の利益に助言をすることを目的にするため」「子どもの最善の利益のために助言を行うことがSLの役割であり、チーム学校、子どもの成長を変えられる学校がより良いものになっているとり良いのだと考える」等
質問18	SL	仕事をする上で、「チーム学校」のメンバーと〈A〉（学校の外部性）と〈B〉（学校からの自立性）とどちらが大切ですか。	1. Aが大切 2. Bが大切 3. どちらも大切 4. どちらでもない			「SLは学校の顧問弁護士ではなく、児童・生徒の利益を考えた中立性が必要であると考えるから」「子どもの人権を守るのが目的、当面は行きたい」「学校の外部性を保ったチームメンバーとして対応することが子どもの最善の利益を守ると思うから」「学校からの独立性を考え、重要と思っているから」「学校の役割だと思うが、チーム学校として子どもの成長を変えられる学校の場であるため子どもの成長より良いものだと考えていくためのものだと考えればより大切だと考えている」等 1. 13.6% 2. 31.8% 3. 54.5% 4. 0%

［理論編］

第4章　基本的人権としての学習・教育とスクールロイヤー

【1】 学校において実現すべき価値

　スクールロイヤー（以下、SL）について多くの著書がある神内聡氏は、「日本のような法治国家においては、『法律に基づく行政』の下で、教育もまた法律に基づいて行わなければな」らないが、「実際の日本の学校では『法律に基づく教育』が行われているとは到底言い難い」として、給食費未納について次のように述べている。

　「経済的に困窮する家庭は就学支援金から給食費を支給されるため、給食費を未納する家庭のほとんどは正当な理由もなく給食費を払わないだけにすぎません。こうした保護者の子どもに対しては給食を支給しなければよいのですが、教育業界では子どもの人権の見地から『未納する保護者が悪いのであり、子どもは悪くないので給食自体は支給すべき』という意見が当然のように思われています。しかし、このような意見は経済的に余裕がない中でも真面目に給食費を納入している家庭からすれば許されないものであり、違法であるばかりでなく、正義にも反することです。子どもの人権という建前が『法律に基づかない教育』を生み出し、教育現場の公正や正義を歪めてはならないのです（後略）」[1]

　「給食費の滞納を防止するためには、給食費を前払いにし、支払わなかった保護者の子どもに対しては給食を提供しない対応を定着させることです。（中略）給食費を支払うことができるにもかかわらず支払わない保護者は虐待行為であり、児童相談所をはじめ福祉行政が厳正に対処すべき（後略）」[2]

　給食費未納に悩む学校や教育委員会は少なくない。しかし、仮に保護者に責められるべきことがあるとしても、子どもに給食を提供しないことを選択

することが「法律に基づく教育」ということになるのだろうか。もしも保護者が給食費を支払わないことが児童虐待にあたるとすれば、学校がその子どもに対して給食を提供しないことは、学校として保護者による児童虐待を補完し完成させることになりかねない。子どもに給食を食べさせず空腹の苦痛を与えることは、学校教育法第11条が禁止する体罰に当たるが、子どもは自分自身には責められるところがないのに法禁された体罰を受けるのと同じ状態に置かれてしまう。しかも、教室において公然と特定の子どもに給食を提供しないことは、その子どもや保護者に対する否定的見方を広め、その子どもに対する偏見やいじめを誘発しかねない。これはまた、子ども全体を虐待的環境に置くことにもなるだろう。これでは、教育委員会・学校の負担を軽減するために、何も抵抗できない子どもに不利益を不当に押し付け、その意図がなかったとしても、子どもの権利を侵害する結果にならないか。

　さらに、「経済的に困窮する家庭は就学支援金から給食費を支給されるため、給食費を未納する家庭のほとんどは正当な理由もなく給食費を払わないだけ」だとの認識にも疑問がある。経済的に困窮する保護者には、就学困難な児童及び生徒に係る就学奨励についての国の援助に関する法律（昭和31年法律第40号、以下「就学奨励法」）、学校給食法（昭和29年法律第160号）、学校保健安全法（昭和33年法律第56号）により就学援助（就学奨励）を給付されることになっている。しかし、就学奨励法の2005年改正により、地方公共団体に対する国の援助が大幅に削減されたことを契機に、多くの地方公共団体が就学援助の給付対象を絞り込んだ。このため、家計は相変わらず経済的に困窮しているにもかかわらず、就学援助の給付対象から弾き出された保護者が少なからずあった。さらに、多くの地方公共団体が就学援助の給付基準を生活保護基準に連動する方式で決めているため、2018年に生活保護基準が改定されたときも、それまでなら就学援助を受けられた世帯が就学援助から排除されてしまった[3]。「経済的に困窮する家庭は就学支援金から給食費を支給される」という見方は、就学奨励制度の外形だけを見て、その機能が縮小しつつ

ある現実を見ていないと言わなければならない。これでは、制度の谷間に落ち込んでしまう子どもや保護者を切り捨てることに手を貸すことになりかねず、子どもの最善の利益を実現する道筋は見えてこない。

「法律に基づく教育」と言う場合、まず何より法が実現しようとする価値を適切に認識しなければならず、社会の現実を構造的・科学的に把握することが何より重要であろう。

【2】基本的人権としての学習と教育

日本国憲法第26条には、教育を受ける権利の保障が定められている。

第26条　すべて国民は、法律の定めるところにより、その能力に応じて、ひとしく教育を受ける権利を有する。

　2　すべて国民は、法律の定めるところにより、その保護する子女に普通教育を受けさせる義務を負ふ。義務教育は、これを無償とする。

また、教育基本法第4条には、「教育の機会均等」との見出しを付けて、次のように定めている。

（教育の機会均等）

第4条　すべて国民は、ひとしく、その能力に応じた教育を受ける機会を与えられなければならず、人種、信条、性別、社会的身分、経済的地位又は門地によって、教育上差別されない。

　2　国及び地方公共団体は、障害のある者が、その障害の状態に応じ、十分な教育を受けられるよう、教育上必要な支援を講じなければならない。

　3　国及び地方公共団体は、能力があるにもかかわらず、経済的理由によって修学が困難な者に対して、奨学の措置を講じなければならない。

これらは、①人種、信条、性別、社会的身分等を理由とする教育上の禁止、すなわち教育における法の下の平等を確保し、②経済的理由で教育を受ける機会が制約されることのないよう必要な措置を講ずるとともに、③国民各自

の能力の発達の必要に応ずる教育を行うことにより、すべての国民[4]に対して教育を受ける権利と機会をひとしく保障することを定めたものである。このため、国民に対し基本的人権を保障する責務を負う国及び地方公共団体には、教育を受ける権利と機会を適切に保障すべく必要な条件整備を行うとともに、さまざまな理由から修学に困難をかかえる子どもに対しては特段の支援を行うことが要請される。

　しかし、このことから、日本国憲法第26条を社会権規定としてだけ理解することは適切でなく、この前提には学習・教育の自由権性すなわち子どもの学習の自由と親の教育の自由があることを確認しておくべきだろう。人は学習を通じて、知識や技能を身につけ、それらを基礎に自己の価値観を獲得し、その過程を通じて自らの人格を次第に形成していくものであるから、学習・教育は人格及びその形成に深く関わっている。したがって、学習・教育の自由は、人格の自由・内心の自由をその根底で支えるものとして、自由権的基本権の中核に位置づけられるべきものである。

　最高裁判所も、旭川学テ判決（昭和51年5月21日、最高裁判所大法廷判決、刑集第30巻5号615頁）で、教育を受ける権利の背後には子どもの学習し成長発達する権利が存在するとの学習権論を採用し、教育は教育を施す者の子どもに対する責務であって、子どもに対する支配的権能ではないとの判断を次のように示した。

　「国民各自が、一個の人間として、また、一市民として、成長、発達し、自己の人格を完成、実現するために必要な学習をする固有の権利を有すること、特に、みずから学習することのできない子どもは、その学習要求を充足するための教育を自己に施すことを大人一般に対して要求する権利を有するとの観念が存在していると考えられる。換言すれば、子どもの教育は、教育を施す者の支配的権能ではなく、何よりもまず、子どもの学習をする権利に対応し、その充足をはかりうる立場にある者の責務に属するものとしてとらえられているのである。」

　この判決は、①学習を人間・市民としての人格形成の基礎に位置づけ、②教育を学習者自身からの学習要求への応答と捉えている。これは教育学の知見に基づいた学習・教育本質論に立って、日本国憲法第26条の教育を受ける権利を人格の自由との関係で捉え直し、教育を受ける権利の基底には自由権的基本権としての学習権が存在することを承認したものである。

　しかし、子どもの教育をめぐる現実には容易ならざるものがある。日本の学校は、国際的に見ても高い学力水準を達成していると評価される反面、子どもは自己肯定感・自己有能感の低さや深刻ないじめ・自殺の問題にさらされており、子どもの幸福度（Wellbeing）は決して高い水準にはないことも指摘されている[5]。国連子どもの権利委員会は、この原因は過度に競争主義的な学校環境にあるとして、日本政府に対して教育制度の改善を繰り返し勧告している[6]。しかし、日本政府はこの貴重な勧告を受け入れることなく、学校の競争主義には手を付けず、いじめ問題を規範主義的に抑え込む姿勢を変えていない。いじめを子どもの子どもに対する権利侵害と捉えるだけでは問題が解決しないことは言うまでもなく、学校・教職員に対する信頼を低下させ、子ども・若者・保護者と学校・教職員との対話を難しくし、問題の解決をいっそう困難にしかねない。

　日本では、学校や教育の問題を考えるとき、学力向上、それも競争主義的な受験学力獲得に過度に重点を置く傾向が強い。このため、学習成果や校内規範について児童生徒を評価する立場にある学校・教職員は、社会学的意味での権力をもつこととなり、子ども・若者そして保護者との間に事実上の支配的関係が生じやすい。いわゆる「生徒＝人質」論は全面的には受け入れられないとしても、保護者らが学校・教師との関係性をそのように捉えることには相応の根拠がある。

　他方、保護者の意に沿わない学校・教職員の行為に対するクレームの増加も著しく、その中には根拠のない要求も含まれている。この背景には、各種サービス産業に対する顧客主権的意識の高まりがある。保護者らは、競争主

義的・規範主義的な学校秩序に包摂され、この秩序のもとで数々の苦難を実感しつつも、この学校秩序自体に切り込むことは難しい。そのため、最も身近な存在である学校・教職員に対して不満が向けられがちだ。学校の業務の増大や教職員の勤務の長時間・過密化は、直接には子ども・若者の「問題行動」や保護者対応に起因するかもしれないが、教育制度自体に「問題行動」を生み出す要因が潜んでいることを見落とすと、学校をめぐる紛争の原因を子どもや保護者に押し付け、それらから学校・教職員を防御する機能を SL に期待することになってしまう。

　子どもや保護者も、学校・教職員も、矛盾を内包する教育制度のなかで出口を求めて必死にもがいており、そのことがしばしば接点をもつ者同士の対立を生み出している。その中には、双方が代理人を立てて法的紛争として処理せざるをえないものもあるだろう。文部科学省の「教育行政に係る法務相談体制の構築に向けた手引き」[7]（以下「手引き」と言う。）には、弁護士が学校・教職員の代理人として子ども・保護者と対峙することを期待するかの論旨が含まれる。しかし、SL が教育委員会・学校の代理人として行動することになれば、教育委員会・学校・教職員の権力性を強化し、子ども・保護者の学習・教育要求を抑え込み、かえって紛争の種を撒き散らすことになりかねない。SL は、子どもの権利擁護を柱に紛争的事実やその背景にある関係構造について、当事者が共通認識を獲得できるよう助言することに、法律家としての知見を生かすべきだろう。

【3】 子どもの最善の利益と意見表明権

　一般には子どもの権利条約の方が通用するかもしれないが、児童の権利に関する条約（1989年第44回国連総会採択、1990年発効、1994年批准）は、その前文で、「児童が、その人格の完全なかつ調和のとれた発達のため、家庭環境の下で幸福、愛情及び理解のある雰囲気の中で成長すべきであること」、そして「児童が、社会において個人として生活するため十分な準備が整えられる

べきであり、かつ、国際連合憲章において宣明された理想の精神並びに特に平和、尊厳、寛容、自由、平等及び連帯の精神に従って育てられるべきであること」(外務省訳)を強調している。これは、子どもが関係するあらゆる制度、あらゆる場面で実現されるべき価値を確認したものである。

　この条約の第1部には、「児童に関するすべての措置をとるに当たっては、公的若しくは私的な社会福祉施設、裁判所、行政当局又は立法機関のいずれによって行われるものであっても、児童の最善の利益が主として考慮されるものとする。」として、最優先に実現すべき価値として子どもの最善の利益を定めた第3条1項のほか、具体的な権利規定が置かれている。学校教育もまた、その目的において、あるいはその実施過程において、子どもの最善の利益が最優先に考慮されなければならない。

　日本弁護士連合会も、学校が「子どもの成長と発達を目的として、子どもに対して組織的、計画的、継続的に教育を実施する機関であり、子どもの権利を実現する最も基本的・中心的な役目を担うものである」との認識に立って、「学校のあらゆる活動は、子どもの最善の利益(子どもの権利条約第3条等)に沿ったものであることが前提となる」と強調している[8]。

　ここで重要なことは、実現されるべき子どもの最善の利益は、個々のケースごとに具体的事実に即して探求し、創造的に発見され、関係者の間で合意されるべきものだということである。そして、ここで忘れてならないのは、最善の利益の探求・発見・合意のすべての段階に子ども自身が参加し、意見を述べる機会が保障されなければならないことである。子どもの権利条約の第12条には次のように意見表明権が定められている。

　第12条　締約国は、自己の意見を形成する能力のある児童がその児童に影
　　　　　響を及ぼすすべての事項について自由に自己の意見を表明する権利を
　　　　　確保する。この場合において、児童の意見は、その児童の年齢及び成
　　　　　熟度に従って相応に考慮されるものとする。
　2　　このため、児童は、特に、自己に影響を及ぼすあらゆる司法上及び

56

　　行政上の手続において、国内法の手続規則に合致する方法により直接
　　に又は代理人若しくは適当な団体を通じて聴取される機会を与えられ
　　る。

　残念ながら、日本の学校には、子ども自身の意見を聴きながら、子どもの
最善の利益を見出そうとする行動様式がいまだ定着していない。子ども自身
が、教師や保護者等に対して自分自身の意見を述べ、その意見は適切に尊重
されるべきものだといった観念をもちえていないだけでなく、ともすると大
人たちも子どもに意見表明の機会を与えることを忌避し、あるいははなから
その認識を欠いている。上述の1976年の最高裁判決は、教育を学習要求への
応答と捉える点で高く評価できる。しかし、この判決が出された1970年代に
は、学校教育のさまざまな局面への生徒参加の理論と実践が存在したにもか
かわらず、子ども・若者が学校・教師等に対して自らの学習要求を表明する
機会やプロセスについては何も言及していない。この判決にかぎらず、学校
運営への生徒参加、大学自治への学生参加、社会保障への受給者参加など、
当事者の参加を忌避する傾向は今もさまざまな場面で見られる。

　教育現場には、子どもから意見を聴くこと自体を負担と考え、意見を聴く
と学校運営が混乱するという観念も強く残っているが、学校を円滑に運営し、
紛争が生ずる要因を削減するためには、学校の情報を公開し、学校運営につ
いて意見を聴くなど、学校の風通しをよくすることがたいせつだ。学校教育
法も、「教育活動その他の学校運営の状況に関する情報」の公開を定めてい
る（第43条）。その場合、何よりもまず、学習・教育の当事者である子ども自
身や保護者への情報提供と意見表明の保障が重要だ。SLには、子どもの意
見表明権保障及び親の教育権保障の観点から、第43条の意義を適切に認識し、
子どもや保護者に情報提供と意見聴取の機会を保障する必要があることを、
教育委員会・学校が認識できるよう助言することが求められる。

【4】　スクールロイヤーの役割

　SL 設置の目的は、学習・教育の人権性や子どもの意見表明権を踏まえて、子どもの学習権・教育を受ける権利の保障という基本原理に立って理解されなければならない。すなわち、① SL の役割は、教育委員会・学校が子どもの学習権・教育を受ける権利を充足すべく、その障害となる問題を主体的に解決するのを支援することにあり、②国及び地方公共団体は SL の設置を子どもの学習権・教育を受ける権利を十全に保障するための教育条件整備の一環として位置づけて取り組まなければならない。また、SL の任務は、子どもの権利擁護を基本とし、紛争が訴訟によらなければ解決できない対立に発展することを防止し、学校・教職員が当事者間の理解と合意に基づいて事案を解決するため主体的に判断・行動できるよう、法律専門家の視点から問題構造を整理し必要な助言を提供することにある。

　しかし、上記の「手引き」や大臣の発言を見ると[(9)]、政府は SL を、教育委員会・学校の代理人として子ども・保護者対応の窓口として機能する法律専門家と考えている可能性もある。文部科学省は、SL 設置のねらいについて、「虐待やいじめのほか、学校や教育委員会への過剰な要求や学校事故への対応等の諸課題について、法務の専門家への相談を必要とする機会が増加しています。特に、学校現場においては、事案が訴訟等に発展してしまう前に、初期対応の段階から、予防的に弁護士等に関わってもらうことで、速やかな問題解決につながったり、教職員の負担軽減が図られたりすることが期待されます。」[(10)] と述べている。もしもこれが、もっぱら教育委員会や学校の立場に立って円滑な学校運営や教職員の負担軽減を図るために、保護者対応の窓口となったり、学校・教職員に保護者対応を指南したりすることを SL に期待するものだとすれば、SL は学習権・教育を受ける権利の保障に資するどころか、それとは逆方向の役割を果たしてしまうことになりかねない。

　「手引き」では、弁護士に依頼できる業務内容として、次の4つが掲げら

れている。（ ）内は筆者による要約。

①助言・アドバイザー業務（早期に学校関係者からの相談にのり、問題の深刻化を防ぐ法的アドバイス）

②代理・保護者との面談への同席等（学校や教育委員会の立場に立った代理人、保護者等に対する学校・教育委員会側の交渉窓口）

③研修（教職員や教育委員会に対する、いじめ、体罰、児童虐待、生徒指導等、法教育、個人情報を含むコンプライアンス、保護者への対応などの研修）

④出張授業（児童生徒に対する、法教育、いじめ予防授業、消費者教育やワークルール教育等の出張授業）

　このうち③と④は副次的な業務であり(11)、①と②が主たる業務と考えられていると推察される。②は、学校や教育委員会の立場に立った代理人として、保護者等との学校や教育委員会の交渉の窓口になることを弁護士に期待するもので、上述の懸念があてはまる。さらに、もしも同一の弁護士に①の相談業務と②の代理業務とを同時に担当させることを予定しているとすれば、相談業務もまたもっぱら学校・教職員の立場に立ったものを予定していると理解せざるをえない。もしも教育委員会がこれをそのまま制度化してしまうと、子どもや保護者から教育委員会・学校・教職員を防御する盾の役割を果たすことをSLに要請することになりかねない(12)。

　これに対して、日本弁護士連合会は、「学校で発生する様々な問題について、子どもの最善の利益を念頭に置きつつ、教育や福祉等の視点を取り入れながら、法的観点から継続的に学校に助言を行う弁護士」の活用を求めるとともに、「スクールロイヤーは、紛争発生後の対応以前に、まず対立構造になる前の段階から対立を予防する視点で関与することが求められることから、対外的にいずれかの立場を明らかにせざるを得ない代理人となることはふさわしくない」と述べて、SLを学校・教職員の代理人とし子ども・保護者と対峙させることには反対している(13)。

　教育界の一部には、子ども・若者・保護者の教育要求の一部を「イチャモ

ン」「無理難題要求」と決めつけて、それらをシャットアウトしようとする傾向が見られ、SL にそれを期待する論調もある。上述の文部科学省の考え方もその一つであろう。しかし、法律を振りかざして押さえつけるやり方では、問題解決は難しく、かえって関係を悪化させかねない。もしも SL が事実上の支配的関係を前提とし、学校・教職員の言い分を子ども・若者・保護者らに押し付ける役割を担うことになれば、SL 自身がこの支配構造の一員に組み込まれ、子ども・若者・保護者と敵対的な関係になりかねない。

　SL が「対立構造になる前の段階から対立を予防する視点で関与」しようとするならば、教育委員会や学校の論理で問題を整理するだけでは足りず、あるいはそれでは不適切で、当事者の関係構造を俯瞰する視点に立って整理し直し、また当事者にそれを促すことが必要となる。しかも、この問題構造の整理には、蓄積された科学的知見や事例研究に学ぶことがぜひとも必要であり、また SL が自律的な協会を設立し、自主的・集団的な研修機会を確保することも必要だろう。

（中嶋哲彦）

注

（1）『学校内弁護士：学校現場のための教育紛争対策ガイドブック』第二版（日本加除出版株式会社、2019年）14〜15頁。

（2）同上書、176頁。

（3）日本教育法学会編『コメンタール教育基本法』（学陽書房、2021年）131〜133頁。

（4）ここでは、外国人を含む。外国人の子どもについては、その親に対して子に教育を受けさせる義務はないが、小中学校など日本の義務教育諸学校への就学を希望する場合には、国際人権規約及び子どもの権利条約の要請するところにより、日本人の子どもと同様に無償で受入れ、教科書が無償で給与されるほか、経済的困窮の場合には就学援助を受けることができる。

（5）たとえば、UNICEF Innocenti, 'Worlds of Influence: Understanding what shapes child well-being in rich countries', *Innocenti Report Card 16*, UNICEF Office of Research-Innocenti, Florence, 2020. 邦語訳は、『イノチェンティ　レポートカード

16　子どもたちに影響する世界　先進国の子どもの幸福度を形作るものは何か』（日本ユニセフ協会訳）。

（6）「子どもの権利委員会の最終見解：日本」（CRC/C/15/Add.90、1998年6月）、「子どもの権利委員会の総括所見：日本」（CRC/C/15/Add.231、2004年2月26日）、「条約第44条に基づき締約国から提出された報告の審査総括所見：日本」（CRC/C/JPN/CO/3、2010年6月20日）、「日本の第4回・第5回統合定期報告書に関する総括所見」（CRC/C/JPN/CO/4-5、2019年3月5日）。

（7）文部科学省「教育行政に係る法務相談体制の構築に向けた手引き：学校・教育委員会と弁護士のパートナーシップ（第1版)」（2020年12月）。

（8）日本弁護士連合会「『スクールロイヤー』の整備を求める意見書」（2018年1月18日）。

（9）たとえば、教育再生実行会議第一次提言「いじめ問題等への対応について」（2013年）、萩生田光一文部科学大臣記者会見録（2019年9月24日）。

（10）文部科学省、前掲、1頁。

（11）文部科学省の「手引き」ではまったく想定されていないと思われるが、研修や出張授業で校則・生徒規則を取り上げて、それらを定め、生徒に遵守を求めることやその規範内容について、人権保障の視点から、教職員や子ども自身が検討する機会を設けることも重要である。それを通じて、権利擁護の精神や自律的規範意識を育成することは、人権擁護的学校環境を醸成し、深刻な対立・紛争を事前に予防することにも貢献するだろう。

（12）この手引きは弁護士を活用した法務相談体制一般について述べたものであって、4つの業務すべてをSLに委託することを想定したものではない可能性もある。しかし、手引きには、「助言・アドバイザー業務」と「代理業務」とを同じ弁護士が担当すれば、「当該事案に関する情報の引継ぎ等が不要となり、一貫した対応が可能となることや教職員の負担軽減が図られる等のメリットもある」とする一方、別の弁護士に行わせることで「各弁護士の役割がより明確となり、助言・アドバイザー業務における中立性をより徹底することにつながる」との記述もあり（p.2）、この論点に対する態度は曖昧である。教育委員会がSLを配置する際、「代理業務」までSLに委託することとなれば、本論で述べる混乱が生じる可能性が高い。

（13）日本弁護士連合会、前掲意見書。

第5章　対話による学校づくりとスクールロイヤーへの期待

【1】 教育自治と学校づくり—閉ざされた学校文化と世界に開かれた学校文化づくり

1. 閉ざされた学校文化

　スクールロイヤー（SL）が「子どもの最善の利益」を優先し、校長や教職員に対して、「子どもの意見を直接聴いてみましょう」と助言しても、児童生徒に寄り添い、本当の気持ちを聴きとることが難しい学校現場がある。学校は、人権を学びこれを行使して、子ども一人ひとりが尊厳と誇りをもって過ごせるところでありたい。そのためには、発達段階に応じて、おとなが最大限に子どもの自己決定を認めることが大切である。「子どもの最善の利益（interest）」には、「子どもの気持ちや意思」が含意されている。おとな中心のおとなの利益が優先されがちな社会（学校を含む）の中で、「子どもの意思を尊重する」「子どもの意思を聴く」ことをおとなに求めている。そこで本章ではまず、一人ひとりの自治（自分づくり）と学校の自治（学校づくり）、それに教育の地方自治（まちづくり）を貫く「教育自治」の概念について整理しておきたい。

　自治は、自律（autonomy）と自己統治（self-government）の両面から成っている[(1)]。他者に縛られることなく自分で決定するところの自律は、外部からの特に「権力からの自由」を内容としている。と同時に、自己決定できるためには、自己統治できる能力を要する。例えば、学校の自己統治能力とは、校長をはじめとする教職員、子どもや保護者など当事者が協働して、学校を安心して楽しく学べる場にしていく力である。昨今、「自己責任」や「自助」が強調されている。自己統治と自己責任・自助との決定的違いは、学校の自己統治は、外部からの自律を確保しつつ、政府（国、自治体）の役割や責任

（公助）を強く意識している点にある。自己統治は、幸福追求権など人権保障に向け国や自治体に対して要求しながら、自分（たち）で決定していくことである。これに対して、自己責任は、学校や政府の責任を曖昧にして、もっぱら自己、つまり子どもや親、あるいは学校に責任があるとする考え方である。

　子どもの自己責任論を増幅させるものは、競争と孤立である。学力テストの競争的環境のなかで、「勉強しない自分が悪い」と自らを責める自己責任の思考回路がすり込まれ、外に助けを求めようとしない。社会に対してではなく、自分に怒りが向く。競争的で閉ざされた学校文化は、子どもの意識や行動様式の形成に大きな影響を及ぼしている。国連子どもの権利委員会が、日本に対する総括所見で「ストレスの多い学校環境（過度に競争的なシステムを含む）から子どもを解放するための措置を強化すること」（2019年）を勧告している所以である。

2．おとな（保護者と教職員）も苦悩している

　子どもには、保護者や教職員などおとなに依存しつつ自分を実現していくという「人間的なつながり」が必須である[2]。ところが、子どもの周りのおとなの置かれた状況も深刻である。

　子どもを護る第一義的責任は保護者にある。子どもの権利条約は、「親の指導の尊重」（第5条）と「親の第一義的養育責任と国の援助」（第18条1項）について規定している。子どもの養育に責任を負う保護者は、家庭教育とともに、学校に対しても子どもの学習権や人間としての尊厳を保障するように求めていく存在と位置づけられている。わが子のために、教職員や他の保護者と話し合い、自分の意見を述べ、協力・共同する力（教育統治能力）が期待されている。しかし、閉ざされた学校空間のなかで、保護者は、学校の求めるままに協力する位置づけしかされていない。日本の学校は、保護者が協働して学校づくりに参加していく能力を高め、発揮していくことに、意欲的

な仕組みにはなっていない。

　教員評価により管理されている教職員もまた、同僚間で授業交流し高めあっていく関係がなくなっている。児童生徒も教職員も、「できない」というマイナス面がその人の評価に及ぶことを恐れる。閉ざされた学校文化のもとでは、対話による信頼関係も希薄な保護者の評価も気になり、教職員もまた専門職としての苦悩を、同僚のなかですら吐露しづらくなっている。

【2】子どもの意見を聴こう―世界に開かれた学校文化づくりの動き

　他方で、わが国でも2016年に18歳選挙権が確立されるなか、子どもの声を聴こうとする新しい動きが生まれている。第一に、「子どもの権利条約」の基本理念が教育関係法の改正により明記され、子どもが権利の主体として位置づけられる時代になっている。2016年の改正児童福祉法は、「社会のあらゆる分野において、児童の年齢及び発達の程度に応じて、その意見が尊重され、その最善の利益が優先して考慮され（中略）るよう努めなければならない」（第2条）とした（第1章【3】参照）。いわゆる「教育機会確保法」（2016年）でも、「普通教育に相当する教育を十分にうけていない者の意思を十分に尊重しつつ（中略）教育を受ける機会が確保され（中略）豊かな人生をおくることができるよう」にすることを求めている（第3条）。

　第二に、文科省や自治体にも変化がみられる。2022年度から実施される高校の学習指導要領では、「一人一人が主権者意識を持ち、社会の中で自立し、他者と連携・協働して社会に参画していく力を育みます」としている。2021年6月、文科省は「校則の見直し」について、全国の教育委員会等に通知を出した。通知は、「校則内容や必要性について児童生徒・保護者との間に共通理解を持つようにすることが必要」とし、「校則の（中略）内容は、児童生徒の実情、保護者の考え方（中略）などを踏まえ（中略）絶えず積極的に見直さなければなりません」と指摘している。さらに自治体でも、例えば名

古屋市では、2020年、「子ども条例」(2008年) を見直し、子どもの権利は、責任を果たすことと引き換えに与えられるものではなく、生まれながらにして保障されるとし、「子どもの権利条例」とした。

　第三に、世界に目を向けてみると、すでに1970年代から、欧米では、各学校に設置された学校運営委員会等には、教職員と同数の保護者や児童生徒が参加している。国連子どもの権利委員会は2019年、日本の取組みの遅れを指摘し、「(日本政府が) 意見を聴かれる権利を子どもが行使できるようにする環境を提供するとともに、家庭、学校、(中略) 地域コミュニティにおいて、かつ環境問題を含むあらゆる関連の問題に関して、すべての子どもが意味のある形でかつエンパワーされながら参加することを積極的に促進するよう」勧告している。

　学習権とは「想像し、創造する権利であり (中略) 人々を、成り行きまかせの客体から、自らの歴史をつくる主体にかえていくもの」である (ユネスコ『学習権宣言』1985年)。子どもは世界とつながり、世界に開かれた文化のもとで学ぶ存在である。子どもたち一人ひとりが、自律と自己統治、すなわち自分づくりに励みながら、学校づくり、まちづくり、そして地球世界を創っていく主権者に育っていけるよう、閉塞した学校文化を耕し世界に開かれた学校文化へと、私たちはどう切り拓いていったらよいのだろうか。

【3】当事者による対話のある開かれた学校づくりの　　　プログラムとその実践事例

1. 「学習環境調査に基づく対話のある学校づくり」プログラムの開発

　学校文化の閉塞状況を変えていくためには、学校の当事者である四者 (児童生徒、保護者、教職員、住民) の間に、対話の公共空間が日常的に幾重にもあることが望ましい。そこで筆者らは、学校づくりの目標として四つの視点、すなわち「学力の向上」「市民性を育む」「対話と協働」「地域に開かれた学校づくり」を組み込んだ学習環境調査票を作成し、四者の学校に関する意識

のギャップを切り口に、対話による学校改善プログラムを開発した[3]。特に、児童生徒が授業改善などへの参加を通して、自分自身と社会（学校を含む）を統治する能力の形成を「市民性を育む」とし、「学力の向上」とは区別して、学校教育の目的に掲げている。そして、子どももおとなも市民性を育て、発揮できる学校運営になっていくことを目指している。2016年から2020年にかけ、全国の5つの教育委員会所管の13の小中学校の協力を得て、学習環境調査を2〜4回実施し、四者で延べ1万3,000名余のデータをもとに改良を重ねてきた。条件が熟した学校では、四者による「学校づくり会議」が30名から100名規模で開催された。

2．本プログラムの特徴

　本プログラムの特徴は、第一に、学習環境調査でいう「学習」は、多様な意見が分散している学校当事者間の対話による学びあいにある。子どもはもちろんのこと、教職員も子どもや保護者、同僚との対話を通して教育専門職能を磨き、保護者・住民も、学校づくりの担い手としての力量（教育統治能力）を高めていくことをめざしている。

　第二に、本プログラムでは、毎年もしくは隔年で学習環境調査を実施する。四者への設問はそれぞれ12因子で構成されている。例えば、「子ども同士が協力すること」という学習環境因子は、「私たちの学校には、お互いの気持ちを分かりあおうとする児童生徒が多い」など、児童生徒に対する3問からなっている。「よくあてはまる」から「あてはまらない」を点数化（4点から1点）して平均値を求め、さらに、各因子内の3つの設問の平均値の平均を「因子得点」とする。平均値や因子得点の中央値は2.5であるから、ある学習環境因子の因子得点が概ね3.0以上あれば、その学習環境因子に関しては良好であることを意味する。逆に2.5未満であれば消極的な回答が多いことを現わす。エビデンスを数値で示すことが求められるようになって久しいけれども、学校教育の目標を達成していくためには、データをもとにした当事者

の対話とその参加者アンケート（質的データ）が不可欠であり、本プログラムは量的／質的の両方を用いた混合研究法をとっている。

　第三に、教育委員（会）や教育長は、対話のある学校づくりを奨励し、自らもできるだけこれらに参加して四者の思いや願いを聴く。これによって、自らの住民代表性を高め、学校当事者のニーズに応えた学校支援策を打ち出していくことを、本プログラムは企図している。

3．子どもが本根を語りはじめたとき、おとなはどう応答したか

　鳥取県南部町立 D 中学校では、2016年度から毎年四者で話し合いが続けられている。2019年2月の四者会議では、「自分たちで学校を変えるしくみ」と「自主性」が議論された。これをめぐって、生徒会役員は、「生徒会の意見がなかなか通らず、やっていて辛い。自主的にやっているというよりも、（先生たちに）やらされている感がある」と語り出した。これには、保護者・住民も教職員も驚き、生徒たちの本音をじっくり聴く展開となった。以下は、当日の参加者アンケートからの抜粋である。

◇生徒　今日伝えたことを実行してほしいし、先生がたがどう思っているかを話し合える場が欲しい。／教育委員の人たちや議会の人たちに、本当の学校生活の実態を知ってもらいたい。

◇保護者　生徒会は生徒の代表ですが、まず自分が一つ改善したいことを見つけやってみるとよいのではないか。／先生方は今日のように、子どもたちの意見を聞くことが必要だと思う。

◇教職員　生徒たちの気持ちに気づけていなかった。学校が大人たちの自己満足の場になっていなかったか。／生徒と教員で、もっと授業中に目標を振り返る場が必要だと感じた。また、生徒の思いを実現させるため教育委員会などにも要望を伝え、かなえてもらわねばと感じた。

◇住民（学校運営委員）　生徒の皆さんは、もっと気持ちを先生に話されたほうがよい。

4．対話のなかで、学校はどう変わってきているのか

　D中学校のように、開かれた学校づくりをすすめていくなかで、児童生徒や保護者は本音で語り出す。これを聴いて、授業改善や校則改正に、教職員も真剣に取り組むようになる。すると、子どもたちは願いに応えてくれるおとなへの信頼感を深め、おとなも苦悩しながら頑張ってくれていることに気づき、考え方の違いをお互いに認め合い、協力していく市民性が育まれてくる（生徒が「様々なおとなが学校をささえている」と感じている因子得点の変化＝2.84/2016年→3.10/2019年、以下同様）。保護者も家庭での子どもとの対話に心がけ、次第に授業参観などにも積極的に参加するようになる（保護者の「学校訪問の意欲」因子得点の変化＝2.35→2.66）。いじめや不登校の問題が起きても、学校側だけが責められるのではなく、子どもたちも保護者も一緒に、自分たちの問題として受け止め、考えるようになる。教職員の間には、児童生徒や保護者の期待を受けとめ話し合える教職員集団としてのまとまりも生まれてくる（「教職員の力量をお互いに高めあえる雰囲気」因子得点の変化＝2.56→2.84）[4]。

　個人の能力の外側には、いわば社会、文化の「能力」がある。学びあい支えあう人間関係づくりの過程にも、発達がある。子どもと保護者を支援しているスクールソーシャルワーカー（SSWr）は、子どもも保護者も、人間は生涯にわたって発達していくという。豊かな応答的対話空間のある学習環境は、自己責任論に陥ることなく、子どもたちの自律と自己統治能力、保護者の教育統治能力の発達を促し、醸成していくのである。

【4】スクールロイヤーへの期待― 3 つの役割と可能性

1．ケース会議等における SSWr や SC との連携・協働

　SL がケース会議などに参加し、スクールカウンセラー（SC）や SSWr と連携することは重要である。ケース会議では、様々な立場の参加者が情報を共有し、状況を多角的に見ながらアセスメントをし、支援内容と役割分担を

決めプランニングする。このいずれのステップにおいても、しばしば守秘義務などの法的問題が議論になる。SSWr は会議で情報を共有する意義を説明するものの、校長や教職員からの質問に窮することもしばしばある。異職種のチームですすめる会議では、他職種へのリスペクトが大切だが、まだまだSSWr の専門性は学校で確立しているとはいえない。そこで、こういう事案は例えば、教育委員会で、学校サポート会議を SL の参加を得て定期的に開催し、子どもの権利の視点を明確にして問題解決にあたることが考えられる[5]。〔提言212頁**図 B** (イ)参照〕

　ケース会議に SL が参加することに、私はもう一つ意義があるように思う。「専門家（professionals）」について、D. ショーンは、「クライアントが苦悩している泥沼を山の頂上から見下ろす（中略）専門分化した役割に自己の責任を限定する」専門家と、「クライアントの泥沼を引きうけ、クライアントと共に格闘する新しい専門家」に分けている[6]。ショーンはこの新しい専門家を、「行為の中の省察」に基づく「反省的実践家（reflective practitioner）」として提示している。これを取り入れたケース・メソッドは、ハーバード大学のロースクールや同大学院の教育長養成プログラムに採用されている。反省的実践家としての SL は、熟練の弁護士が何か一つの法的決裁や指示をするというよりも、ケース会議（行為）の中で、教職員等の専門的見識を尊重し、教師の「生徒（の保護者）とこんな点について話し合ってみます」といった方針、実践的判断を励まし、事案の解決に向けたキーパーソン等の取組みの選択肢を押し広げていくような助言ができる人のことをいうのであろう。ケース会議では、子どもや教師の生きづらさや苦悩がビンビンと伝わって来る。少なくともケース会議のなかでは、教職員やSSWrと一緒に、子どもや保護者の「困り感」に寄り添い、子どもや保護者の中にある尊厳ある生に対する希望、力（強味 strength）を一緒に探しつづける SL であって欲しいと思う。

２．子どもの権利条約や条例の文化を耕す─法化を警戒しながら

　SL は、本人意思が非常に重要になってきている国内外の傾向を活かして、学校に対して、子どもや保護者の意見を聴くことを促していけば、校長や教職員は受け入れやすいだろう。また、「子どもの権利条例」を制定している自治体では、SL は、条例の趣旨を校長や教職員に周知し、学校づくりに活かしていくように働きかけていくことも期待される。前述の名古屋市子どもの権利条例に掲げられた、権利保障に向けた「必要な支援」（第３条）や、権利が侵害されたときに速やかに回復できる「適切な支援」（第４条）の具体化に向けた役割も大きい。SL は、子ども参加の仕組みづくりを含めて、当事者の対話を丁寧にアドバイスし、「閉ざされた学校文化」を耕し、子どもの願いに応答的な学校文化に変えていく触媒になって欲しい。

　ただ、「学校の法化」には注意を要する。2007年に特別支援教育が導入されたころ、教育と医療の連携が叫ばれた。このとき、最も大切にされたことは、「誰のための連携」なのかを問い続けることであった。「学習障害」というレッテル貼りをすることによって、「私の教育指導がうまくいかなかったのは、（私の力量不足ではなく）子どもの発達障害にあったのか」などと、教育の現場が「医療化」することがあってはならない。大切なことは、その子にある診断名ではなく、教師と医師が協力して、子どもがいきいきと生きることに力をあわせ協働することである。対等な立場での協働は、互いに支え合うことで、当事者（子どもや保護者）の支えに繋がる[7]。この点は、法化の問題でも教訓にしたい。手続きさえ踏めば退学処分もやむなしとするのではなく、当事者による最良の自治的解決に向けた対話を我慢強く探求し、当事者間の信頼関係の修復に向け協働していく SL の役割は大きいと思う。

３．教育委員会の応答能力の向上、学校自治を尊重する姿勢を励ます

　SL は、校長・教職員に対してのみならず教育委員会に対しても、子どもの意見を聴く機会を設け、保護者との対話を勧めてほしい。前述の鳥取県南

部町の第 2 期（2018-2023年）教育振興基本計画は、「児童生徒・教職員・保護者・地域住民の四者対話による学校づくり、学習環境づくりをすすめ、学力の向上と社会性の育成につなげます」と謳っている。教育委員（会）や教育長は、学校当事者の対話に自らも参加し、学校支援にあたっている。SLが学校と教育委員会を支援することにより、子どもの声を聴くことの共同性と専門性は飛躍的に高まる。学校の対話空間が子どもたちにとって安心して学べる応答的空間となり、学校当事者間の共同をおし拡げ、学校と教育委員会の自治能力を高めていくだろう。

（坪井由実）

注

（1）西尾勝『行政学の基礎概念』東京大学出版会、1990年、373-375頁。

（2）佐貫浩「自己責任論に立ち向かう学びとつながり」『教育』2009年 8 月号。

（3）坪井由実代表『学習環境調査に基づく対話のある学校づくりハンドブック』（科研研究成果報告書）2020年（北海道大学学術成果コレクションより複製可 http://hdl.handle.net/2115/77280）

（4）「開かれた学校づくり」全国連絡会の創立「趣意書」参照。本会は、「開かれた学校づくり」全国交流集会の20年の歴史を引き継ぎ、2022年 3 月に再出発した。https://sites.google.com/view/hgzenkokuren/

（5）峯本耕治「スクールロイヤーと『チーム学校』」大塚美和子・西野緑・峯本耕治編著『「チーム学校」を実現するスクールソーシャルワーク』明石書店、2020年、35-37頁。

（6）ドナルド・ショーン著、佐藤学・秋田喜代美訳『専門家の知恵』ゆるみ出版、2001年、訳者序文。

（7）田中康雄「教育と児童精神医学にある協働を考える」『児童青年精神医学とその近接領域』48(4)、2007年、463-468頁。

第6章　子どもの権利とスクールロイヤー─関係的権利論

【1】子どもの権利条約と関係的権利

　人間は誰しも一人では生きられないといわれるが、とりわけ子どもにとっての他者とのかかわりは、生存を確保する上でも、成長発達していくためにも不可欠なものである。子どもの権利条約では、子どもは権利の主体であることが明確に示されており、そのうえで、子どもに固有の権利とその保障が求められている。子どもに固有の権利とは、他者への依存を不可避としている子どもの特性から導かれるもので、他者との豊かな関係性があってこそ成長発達が可能になるという教育学の知見に基づいて理解されるものである。つまり、子どもの権利条約が示すように、子どもが権利の主体となるためには、「自律的な個人」であることを条件として依存した状態を否定するのではなく、他者との関係性の中で成長発達する子どもの存在そのものが社会の一員として承認されていることが必要となる。

　他者との関係性に着目して権利概念を捉え直す関係的権利論は、アメリカの法学者マーサ・ミノウ（Marth Minow）によって提起されたものである。それは、人種や性別など差別の問題に取り組む際に、既存の権利論の困難を明らかにし、新たなアプローチを示すものであった。ミノウが指摘する権利論の困難とは、様々な社会問題に対して平等を追求しようとする際に生じる「差異のディレンマ」であるが、ミノウは1つの例として、アメリカにおいて英語を第一言語としない少数派の子どもたちに対する言語教育の問題をあげている[1]。ここでのディレンマとは、英語の補習プログラムによって通常の英語授業を受けさせた場合には、少数派の子どもたちは母語ではない英語でしか教育の機会を享受できず、一方で、母語を用いた二カ国語教育を行うと少数派としてのカテゴリー化が強調されて差別や抑圧の危険性が生じて

くる、といった問題である。日本でも外国にルーツを持つ子どもたちに対する学習権保障は重要な課題となっているが、学校教育現場における配慮が十分ではないために学力や人間関係において困難を抱え、学校教育から排除されてしまう問題が生じている。こうした問題は、個々人が有する個別的な教育ニーズが、個人的なものと認識されており、社会的な配慮がなされていないことで生じている。しかしながら、眼鏡を使うことで視力を補うことができれば、それが教育を受ける際の障壁とはならないように、多様な言語の子どもたちが共に学ぶことを想定していない学校教育制度やマイノリティに対する社会的な課題に目を向けることで、言語の習得といった特定の子どもに関する個人的な問題とされてきた事柄が社会的問題として捉え返される。ミノウは、暗黙の内に本質的で自然な区別だと考えられていた「正常－異常」、「能力が高い－能力が低い」といったような「差異」は、それが社会的な文脈や環境、条件によって作り上げられたものであることを明らかにしており、こうした「差異のディレンマ」を乗り越えるために、権利概念に対話的で人間的な視点を取り入れる関係的権利論を提唱したのであった。

　また、子どもの権利条約における権利観も関係的なものであり、とくに第12条の意見表明権では、自己に影響を与える事柄に対して子ども自身が自分の意見を表明し、かつその意見が正当に重視されることが求められている。この意見表明権とは、自律的な権利観に基づいた自己決定権や社会的参加権とは異なり、おとなと子どもの日常的で豊かな人間関係において子どもの意見が尊重されることを求めている。しかしながら、子どもにとって、自分の思いや願いを発信して他者に伝えることはそれほど簡単ではない。この点を踏まえて、おとなが子どもの権利に対する認識を深め、子どもとの関係性において子どもの思いや願いを丁寧に汲み取っていく必要がある。学校においても、教職員が子どもの権利に関する理解を深め、対話的な関係性を創り上げていくことが課題となっている。

【2】学校における法的トラブルとスクールロイヤー

　すでに本書で述べられてきたように、文部科学省におけるスクールロイヤー（以下、SLという）に関する初期の政策動向においては、弁護士に期待する役割として、学校に対する不当要求の対応やいじめ対策など、親と学校、あるいは、子ども同士のトラブルに関する法的な対応が強調されてきた。ここでは、トラブルの当事者が互いの権利を主張し合い争う敵対的な権利観が想定されているが、学校教育において最も重視されるべき子どもの権利を保障する視点、すなわち関係的な権利観に基づいた紛争解決の視点が不足している。文部科学省による政策の背景には、一部の保護者等による過剰な権利要求や、いじめ等の問題行動が教育活動に困難をもたらしているという認識があると考えられる。しかし、こうした問題状況の一因には、教師と子どもの非対称的な関係性に基づいた閉鎖的・抑圧的な学校文化に対する社会的な信頼の低下があると考えられる。そうであれば、教育現場の課題を本質的に解決するためには、学校教育に対する信頼を回復することが必要であり、子どもへの管理主義的対応や規律の厳格化ではなく、関係的な子どもの権利理解に基づいた対話的な問題解決の方策が求められる。

　SLの導入によって関係的な権利観に基づいた問題解決を進めていくことを目指すのであれば、SLを担う弁護士の役割とは、教育現場でのトラブルに対して法律を適用して問題を一刀両断するようなものではなく、トラブルによって崩れた信頼関係を修復して子どもの最善の利益を実現できるように学校・教職員に対して法的助言を行うことである。ここで追求すべき「子どもの最善の利益」とは、一方的におとなが考える「子どものため」の対応策ではなく、子どもの主体性を尊重した応答的な関係性の中で模索すべきものであって、その実現には子どもが育つ環境や関係性に働きかける教育的・福祉的なアプローチが必要となる。学校現場で子どもの意見表明権を尊重した対話を通して解決策を探っていくことで、学校関係者の信頼関係を再構築し

ていくことが期待される。

　また、子どもの権利の法的救済に関して、関係的な権利観を取り入れる実践として注目されるのが修復的司法／実践である。修復的司法とは、少年犯罪や非行問題の解決に際して、被害者と加害者、両者に関係する人々が参加する対話の場を設け、訓練されたファシリテーターが対話を促しながら犯罪・非行で崩れた人間関係を編みなおし、問題解決に向けた援助計画を立てていく方法である(2)。修復的司法の考え方による問題解決方法は、少年犯罪などの司法手続きのみならず、いじめなどの学校現場における問題解決の手法としても活用されるようになっている。修復的司法／実践では、関係性が悪化した当事者の思いを丁寧に確認しながら、加害者が果たすべき責任や援助計画を決定するなど、解決に向けた方策を見出していくプロセスが重視される。その際、対話による解決を安易に想定するのではなく、「当事者の想い」を丁寧に聴き取っていくことによってトラブルの背景にある様々な問題にも目を向けることで、当事者をコミュニティ（学校、地域社会）に再統合していくことが目指されている。

　いじめや非行などの問題行動に対して罰を与えるだけでは真の問題解決にならないことは、これまでの研究や実践から明らかになっている。学校における法的トラブルの解決にあたっては、単純な刑事司法のアプローチではなく、子どもの権利ベースの問題解決手法が目指される必要がある。また、SLを導入するメリットの1つとして、学校に対して法的視点から助言を行うことによって、問題発生の未然防止や問題が深刻化する前の対応が期待されている。学校・教育制度への信頼を築いていくためにも、弁護士やSSWrなどの専門職と連携した子どもの権利ベースの問題解決によって、学校現場において子どもの権利の実現を図っていくことが求められる。

【3】学校における合理的配慮の実現

　子どもの権利とは、子どもの権利条約からも明らかなように、学校や教職

員に対して過剰な要求を突きつけるような敵対的権利観ではなく、子どもの
主体性とおとなの応答性によって形成される豊かな関係性で権利を保障する
という関係的権利観に基づいて理解されることが重要である。学校での子ど
もの権利保障に関してキーパーソンとなる SL は、学校や教育委員会の法的
利益を守るための顧問弁護士とは異なり、関係的権利観に基づいた教育的・
福祉的アプローチによってトラブルを解決に導いていくことが期待される。
また、SL と顧問弁護士によるアプローチの違いが明確となる分野の1つが、
特別な教育ニーズに対する合理的配慮の問題である。

　2016年に施行された「障害者差別解消法」第8条第2項では、障害者から
現に社会的障壁の除去を必要としている旨の意思の表明があった場合におい
て、その実施に伴う負担が過重でないときは、障害者の権利利益を侵害する
こととならないよう、社会的障壁の除去の実施について、必要かつ合理的な
配慮を行うことが定められている。たとえば、発達障害のために授業中の板
書をノートに書き写すことに困難を感じている子どもとその保護者から電子
機器の使用を認めてほしいという要望があった場合、SL に期待される関係
的権利観によるアプローチでは、子ども本人の意見を丁寧に聴きながら問題
の解決に向けた対話を重ねることで、電子機器の使用の可否、使用条件、ル
ール、他の生徒への説明などについて共通理解を図っていくことが想定され
る。一方で、学校の利益を守ることを目的とした顧問弁護士による敵対権利
観のアプローチでは、保護者からの要望に対応する法的責任が学校にあるか
どうかが焦点となり、教員の負担や他の生徒との平等の確保を理由として、
保護者からのあらゆる要求に対して応じる必要はないという判断がまかり通
り、合理的配慮の範囲は極めて限定的に解釈されてしまう可能性がある[3]。
子どもや保護者にとっては、現に困難を感じており、目の前にいる教職員に
対して配慮を必要とする意思を表明しているにもかかわらず、学校から「特
別扱いはできない」と言われてしまうと、それ以上はどうすることもできず、
あきらめざるを得ないと考えてしまう人の方が多いのではないだろうか。よ

ほどの知識と行動力がなければ、合理的な配慮を受けるために専門医を探し求め、診断書や意見書を手に入れて、もう一度、学校と交渉して合理的配慮を勝ち取るといったことはできないだろう。

　子どもの教育を受ける権利を保障する学校の役割と、障害者差別解消法の合理的配慮の趣旨を踏まえるならば、敵対的権利観のようなアプローチではなく、子ども最善の利益を追求するために学校としてどのような支援ができるかを検討する関係的権利観のアプローチが重要であることは明らかであろう。それにもかかわらず、学校において個別の教育ニーズに応じる合理的配慮が進まない背景には、費用負担や人員不足の問題に加えて、特別対応によって平等性や公平性の問題が生じるのではないかという教職員による危惧が影響している。教育学の知見では、教育の機会均等（教育基本法第4条）とは、一人ひとりの発達の必要に応じて適切に支援することで教育機会が保障されると考えるものであるが、画一的で管理的な学校文化の中では、「みんな同じ」という形式的な平等観ばかりが強調されてしまう。こうした状況にSLが関わることによって、学校側も個別的な対応を取ることが法的に正当であると確認することができ、また、望ましい支援のあり方を対話的に見出していくという本来の教育的な対応に力を注ぐことを助けることになるだろう。また、合理的配慮に関する問題では、ある1つの学校では非常に稀な事例であっても、全国的な視点では同様の困難に直面している子どもたちが多く存在している場合も多くある。SLの実践が積み重なっていく中で、将来的に職能団体（School Lawyer Association）が組織されることになれば、各地の経験が共有されることになり、さらに、費用負担や人員不足といった制度的課題によって合理的配慮が困難な場合にも制度改善に向けた働きかけなどが可能になっていくものと考えられる。

　現代の教育現場では、教員の多忙化などの課題もあって、子どもたちの多様性を前提として柔軟な対応が十分にできない状況が生じているが、SL制度の導入によって、学校現場に子どもの権利という法的な視点を取り入れ、

教職員の意識や学校の文化・風土の変容を促していくことが期待される。

【4】子どもの権利を保障するスクールロイヤーの役割

　以上のように、SL の役割とは、学校の代理人として学校の法的利益をまもることではなく、子どもの権利の視点に立って最善の利益を実現することだという点は、繰り返し強調すべき重要なポイントである。子どもが成長・発達するためには、他者との豊かな関係性が不可欠であり、他者からの適切な養育・支援を受けることで、子どもの主体性と尊厳が確保され、子どもの権利が保障されるのである。それゆえ、子どもの権利を保障するためには、子どもの生活の場である家庭や学校において、抑圧的でなく支援的な関係性を形成していくことが重要である。そのためには、私たちおとなの側が、子どもの権利に対する認識を深め、子どもと関わる日常的な生活において子どもの声に耳を傾け、潜在的なニーズを含めた子どもの思いを丁寧に汲み取っていこうとする応答的な試みを繰り返していくことが求められる。とくに、子どもにとって社会生活の場である学校において、子どもの権利を保障する対話的な関係性を創り上げていくことが課題となっている。

　SL 制度の導入を通して、教育現場に子どもの権利に基づいた教育実践を広げるとともに、学校運営における子どもの参加や保護者や地域住民と協働した学校づくりの実践を進めていくことが期待されている。そのためにも、弁護士やカウンセラー、SSWr などの専門職との連携を進める「チーム学校」に加えて、保護者や地域と連携した協働的な学校づくりが求められる。また、子どもの権利を保障する視点から「チーム学校」の意義を捉え返すと、教職員の負担軽減のための分業体制として理解するのではなく、専門職との連携による自律的な学校運営が目指されなければならない。その際に、SL は、法的知識を持った専門職として、心理や福祉など他の専門職と連携しながら、教育的・福祉的なアプローチによって学校の教育活動を支える存在となることが期待される。　　　　　　　　　　　　　　　　　　　（伊藤健治）

78

注

(1) Marth Minow, *Making All the Difference: Inclusion, Exclusion, and American Law*, Cornell University Press. 1990, pp. 23-40.

（2）竹原康太『失敗してもいいんだよ－子ども文化と少年司法』本の泉社、2017年、111頁。

（3）神内聡『学校内弁護士－学校現場のための教育紛争ガイドブック』日本加除出版、2016年、198頁では、保護者の要求に対する学校の応答責任は極めて限定的に捉えられている。

第7章　教師の教育権保障とスクールロイヤー

【1】学校教師の多忙化と子どもの権利侵害状況のひろがり

　学校・家庭・地域において、子どもの成長発達を保障することは、これからの未来社会にとって何よりも重要であることは、誰にも疑いようのない事実であろう。にもかかわらず、子どもの権利侵害がいともたやすく起きてしまうのはいったいどうしてなのだろうか。学校内における教師と子ども関係をめぐる不適切な事件が発生すると、教師の法律に対する無理解ぶりを嘆く声を聞くこともあるし、事件を引き起こした教師の不道徳を非難する声も聞こえてくる。

　このほど、政府は、教師の不道徳な事件に対して、これを厳罰化する法改正を行った。指導力不足や不適切な指導をする教師を教壇から排除しようとする流れは、じつはすでに数十年に及ぶ「教育改革」の決まりきった路線である。この「教育改革」の結果が示しているのは、このような教師に対する厳罰化と排除による方法では、学校内の子どもの権利侵害状況は改善されないばかりか、いっそう深刻な事態を引き起こしているということだ。

　子どもの成長発達を保障するためには、むしろ、教師の専門職性を高めることこそが何にもまして重要な課題となっている。子どもの多様性を尊重し、それぞれの個性に応じた自由な自己形成を支援するためには、教師の教育の自由が保障されなくてはならないことが論理的に明らかであるように、子どもの権利を保障するためには教師の教育権限が保障されなくてはならないと考える必要がある。これが教育法学の通説的理解であり、これを教師の教育権説という。例えば、堀尾輝久は次のように述べている。

　　教師の任務が、子ども・青年の人間的発達を保障し、その学習と探求の

権利を充足させることにあるのだから、教師は、教育内容・教材についての科学的知見をもち、同時に、子どもの発達についての専門的識見をもち、さらに授業や生活指導を通して、その発達を保障するための、不断の研究に裏打ちされた専門的力量が求められる。教師は、教育科学創造の担い手であり、同時に、その知見に裏づけられた教育の創造的な実践者でなければならない。それは子どもの不断の再発見の過程である。教師は真理の前で謙虚に、子どもの可能性の前で寛容であり、子どもの少しの変化も見逃すことなく、その発達の最近接領域と、それにふさわしい働きかけを工夫し続けなければ、教師としての責任は果たせない。ここから必然的に、教師の教育研究と教育実践の自由が要請される（堀尾輝久『人権としての教育』岩波現代文庫、2019年、137頁）

　もちろん、教師による不道徳な事件や子どもの権利侵害が引きこされた場合には、適切な処分と処置がなされなければならないことは確かである。しかしながら、いま、学校現場を窮屈にし、教師と子どもとののびやかな人間関係を奪っているのは、何よりも学校教師の多忙化であると言わなければならない。私たちは、教師の多忙化が、子どもの権利侵害を引き起こすメカニズムを十分に分析して理解しておく必要がある。

　学校教師の多忙化については、すでに多くの指摘があるとおりであるが、念のため確認しておこう。2006年に実施された「教員勤務実態調査」で、教師の時間外勤務が月平均で34時間、休日を含めれば月平均で42時間であった。すでにこの段階で「平均的な教員」は過労死ラインに突入していたのであり、しかもこの数字は持ち帰り残業を含んでいない。この調査結果をふまえ、文科省は、「学校現場の負担軽減プロジェクトチーム」を設置し、「多忙化解消」に取り組んだが、2016年に実施された「教員勤務実態調査」では、すべての職種で教師の勤務時間はさらに増加した。

　ここに示されているのは、子どもたちとの日々の教育活動を支えるために、

教師があまりに法外な労働時間を強いられている状況にあるということだ。筆者のもとにも、各地の教師から、異常なまでの忙しさについて、悲鳴にも似たような声が届けられている。家庭を持ちはじめたばかりの若い教師からは、仕事と家庭との両立に悩み苦しむ悲痛な思いを聞く。

　こうした状況の中で、教師が、ひとりひとりの子どもの個性や多様性をふまえ、日々刻々と変化し成長する子どもの姿をとらえ、それぞれの発達に対しきめ細やかに指導し支援するなどということが、果たして可能であろうか。しかも、子どもは成長するために、時に、後退するし失敗もする。しかし、その後退や失敗は、次なる成長や次なる飛躍へとつながっていくものである。教師は、こうした子どもの成長していく姿を集団的に確かめ合うことによって、子どもの成長発達の法則性をつかんでいくが、そのためには、集団的に研究し協議する時間が必要であり、子どもの成長をじっくりと待つことも大事なことである。

　現代科学の発展は、教える教育内容をきわめて高度なものにしているだけでなく、子どもの成長発達には、多様なニーズがあることを明らかにしてもいる。教師は、新たな科学的知見を絶えず摂取し続けることが求められつつ、ひとりひとりの異なる教育的ニーズに応えなければならないという使命を帯びるようにもなってきた。多忙化が極限に達している今、教師が教師であるための時間（教師が教師になるための時間）があまりに不足してきているのではないか。

　学校における子どもの権利侵害状況の広がりを、単に、個々の教師の不道徳としてのみとらえるのではなく、劣悪化する教師の労働条件と、そのもとで、教師が自主的かつ集団的に自らの専門職性を育む機会が減少させられてきたという構造的な側面にもっと目を向ける必要がある[1]。

【2】 子どもの成長発達権の保障と教師の教育の自由と
　　　　専門的自律性の尊重

　子どもの成長し発達する権利を保障するために、教師の教育の自由と専門的自律性が尊重されなければならず、教師の労働条件も不断に改善されなければならないということは、すでに国際的に確かめられてきたことである。

　1966年10月5日にILO（国際労働機関）・ユネスコ共同会議にもとづく「教員の地位に関する勧告」は、教師の「地位と権限」に関する国際的なスタンダードを確立した重要な文書である。「教員の地位に関する勧告」は、冒頭、次のように述べている。

　　教員の地位に関する特別政府間会議は、

　　教育を受ける権利が基本的人権であることを想起し、

　　世界人権宣言第26条、児童の権利に関する宣言第5、第7及び第10の原則並びに諸国民間の平和、相互の尊重及び理解の理想を青少年の間に促進することに関する国際連合の宣言を遂行して、すべての者に適切な教育を与えることに対する国の責任を自覚し、

　　不断の道徳的及び文化的進歩並びに経済的及び社会的発展に貢献する上に欠くことのできないものとして、あらゆる才能及び知性を完全に利用するために一層広範な一般教育、技術教育及び職業教育が必要であることを認め、

　　（…中略）

　　教育の発展における教員の本質的役割並びに人類及び近代社会の発展に対する教員の貢献の重要性を認識し、…

　　教員がこの役割にふさわしい地位を享受することを確保することに関心を有し、

　　（以下、略）

　このように、「勧告」は、教育を受ける権利が基本的人権のひとつであることを述べたうえで、教育における「教育の発展における教員の本質的役割並びに人類及び近代社会の発展に対する教員の貢献の重要性」を指摘し、教師に「この役割にふさわしい地位を享受することを確保すること」としている。

　そのうえで、「Ⅲ　指導原則」において、「教職は、専門職と認められるものとする。教職は、きびしい不断の研究により得られ、かつ、維持される専門的な知識及び技能を教員に要求する公共の役務の一形態であり、また、教員が受け持つ生徒の教育及び福祉について各個人の及び共同の責任感を要求するものである。」（第 6 項）ことや、「教員の勤務条件は、効果的な学習を最大限に促進し、かつ、教員がその職務に専念しうるようなものとする。」（第 8 項）、「教員団体は、教育の発展に大いに貢献することができ、したがって、教育政策の策定に参加させられるべき一つの力として認められるものとする。」（第 9 項）を挙げている。今日の教師の多忙化状況を念頭に置くとき、いずれもきわめて重要な原則が示されているものと言いうる。

　また、「Ⅷ　教員の権利及び責務」では、「職業上の自由」として「教員は、職責の遂行にあたって学問の自由を享受するものとする」（第61項）こと、「いかなる指導監督制度も、教員の職務の遂行に際して教員を鼓舞し、かつ、援助するように計画されるものとし、また、教員の自由、創意及び責任を減殺しないようなものとする」（第63項）こと、「教員の責務」として、「すべての教員は、その専門職としての地位が相当程度教員自身に依存していることを認識して、そのすべての職務においてできる限り高度の水準に達するよう努めるものとする」（第71項）こと、「教員と教育活動全般との関係」として、「当局は、一学校内又は一層広い範囲で、同一教科の教員の協力を促進するための研究グループの設置を容易にし、かつ、その活動を助長するものとし、このような研究グループの意見及び提案に対して妥当な考慮を払うものとする」（第77項）こととしている。

　そして、「教員の権利」として、「教員の社会生活及び公共生活への参加は、教員自身の向上、教育活動及び社会全体のために助長されるものとする」（第79項）ことや「教員は、市民が一般に享受している市民としてのすべての権利を行使する自由を有」（第80項）することとし、「教員の給与及び勤務条件は、教員団体と教員の使用者との間の交渉の過程を経て決定されるものとする」（第82項）ことや「勤務条件から生じた教員と使用者との間の紛争を処理するため、適切な合同機構が設けられるものとする」（第84項）ことなど、教師の勤務条件についての権利を承認している。

　この「教員の地位に関する勧告」の後、中核的国際人権条約の一部を構成する「国際人権規約」社会権規約（1979年）が締結されているが、同規約第13条で、教育を受ける権利（教育に関する権利）を確認し、その第2項（e）で、「すべての段階にわたる学校制度の発展を積極的に追求し、適当な奨学金制度を設立し及び教育職員の物質的条件を不断に改善すること」（傍点引用者）としている。

　学校教育という営みには、他の労働分野とは異なる特殊性があり、それは、子どもの成長発達を保障するということに由来する。すでに述べたように、子どもの発達の多様性を追究してきた教育科学や教育心理学の成果によって、子どもの発達ニーズ・教育ニーズもまた多様であること、こうしたニーズに対応する教育支援や手立てを講じるならば、どの子どもにも限りない発達の可能性が存在することが示されてきた。発達のニーズや取られるべき手だてが明確となっているにもかかわらず、これを措置しないことは許容されるものではない。そうであるがゆえに、教師の仕事の範囲は、常に広がっていくという性質を帯びている。だから、同規約は、国に対し、教師の労働条件を「不断に改善すること」を義務付けているのである。

【3】 教育専門的判断の主体としての学校教師とスクール
　　　ロイヤーの役割

　集団的な人間関係によって構成される学校教育活動においては、学校内におけるトラブルが完全になくなると考えることはできないし適切ではない。どのようなことがきっかけでトラブルとなってしまうのかを学んだり、話し合いを通じてトラブルを解決してその方法や道すじを理解したりしていくことは、子ども自身にとっての大事な能力形成のひとつだからである。また、集団的に営まれる教育活動において校則等の一定の「きまり」が定められる以上、その制約内容に対する考え方も様々ありうるからでもある。

　こうしたトラブルが深刻化して紛争化するような場合、残念ながら裁判に発展するようなことも起こりうる。裁判に訴えることは当然権利として認められるものであるが、教育裁判にあっては、本来はなしうることのできない「教育専門的判断」を、司法に委ねてしまうという問題がある。裁判官による「教育的判断」については、その妥当性が疑わしいものも少なくなく、また、このようなケースでは、双方の十分な理解や納得を得ることも難しくなってしまう。

　現実には、学校で起きている様々なトラブルは、教師と子ども、教師と保護者、そして教師同士の直接的な関係性のもと、話し合いや協議を経て解決され処理される（十分な話し合いが持たれないままうやむやとなる場合もある）。教師が専門職性を発揮し、教育専門的に判断し適切に応答することができるならば、紛争化を避けることもまた可能である。SL は、トラブルに対し、法的観点から助言する過程において、子どもの最善の利益に基づく教師の専門的判断を引き出したり、そのために、教師の集団的な研究を促したりすることや、教師と子ども・保護者との積極的な対話の場をつくりだしていくことも重要な役割である。こうすることによって、教師が子どもや保護者とよりよい関係性を維持しうる可能性も高くなると考えられる。

　SLは、子どもの権利侵害が発生した場合には、子どもの権利を保護し救済することを第一に関係者間の調整をすすめることになる。と同時に、同じような子どもの権利侵害案件が何度も再発するというようなことが起きるならば、何らかの防止策を提言していくことが求められる。このような場合、学校の抱えている構造的な問題によって引きこされていると考えられるならば、その考えられる要因を指摘していくことも重要な役割となるのではなかろうか。すでにみてきたように、教師の多忙化が深刻化する中、「宿題」「提出物」「挙手の回数」といった形式的な学習評価に頼らざるを得なかったり、生徒を管理的に指導してしまったりする傾向が生み出されているからである。

　例えば、もしも学校で、いわゆる「強い指導」が日常的に一般化しているような場合には、「子どもの権利」をテーマとする校内研修（教育研究協議会）を提案することができるだろう。教師や保護者・子どもが参加する「校則見直し委員会」を置いたり、授業参観の延長に「校区教研」を開催したりするよう提言していくことも考えられてよい。学校評議員（会）や学校運営協議会が置かれている場合には、制度を活用して話し合いの場をつくりだすこともできる。

　少なくない学校や地域では、教師と子どもと保護者がともに集い、学校のあり方を話し合う学校づくりをすすめている。教師と子ども・保護者の場合には「三者協議会」と呼び、これに地域の方々が加わって「四者協議会」と呼ぶところもある。学校名をつけて、「○○フォーラム」としている実践もある[2]。専門職性に信頼して適切な働く環境が整えられるならば、教師たちは、各地の優れた教育実践に学びながら、それぞれの学校と地域、そこに通ってくる子どもたちの成長と発達に適うような、創意工夫にあふれた学校づくりをすすめることができるようになるだろう[3]。

　SLには、子どもの尊厳と権利を深く受け止めることから出発しつつ、子どもの権利の保障のためにこそ教師の権利と地位が保障され、教師が自らの専門職性を十全に発揮しうるよう助言や活動を行うことが求められる。その

ことを通じて、子ども・保護者・地域に開かれ、子どもに関わるすべての人が対等かつ平等で、相互に信頼し尊重し合うような学校づくりへとつなげていくことができるであろう。

（石井拓児）

注

（1）以上の点につき、石井拓児「新自由主義教育改革下の教育政策と学校教職員の多忙化問題」（雪丸武彦・石井拓児・日本教育行政学会研究推進委員会編『教職員の多忙化と教育行政』福村出版、2020年）を参照されたい。

（2）以下の文献が参考になる。浦野東洋一・神山正弘・三上昭彦編『開かれた学校づくりの実践と理論―全国交流集会10年の歩みをふりかえる』同時代社、2010年、浦野東洋一・勝野正章・中田康彦・宮下与兵衛編『校則、授業を変える生徒たち　開かれた学校づくりの実践と研究―全国交流集会Ⅱ期10年をふりかえる』同時代社、2021年、小池由美子『学校評価と四者協議会―草加東高校の開かれた学校づくり』同時代社、2011年ほか。

（3）戦後日本における「学校づくり」の実践的・理論的総括については、石井拓児『学校づくりの概念・思想・戦略―教育における直接責任性原理の探究―』（春風社、2021年）を参照のこと。

第8章　学校紛争とスクールロイヤーの役割試論
—学校事件・事故等の解決の実際と課題をふまえて

【1】はじめに

　現在、学校現場において試行が始まっているスクールロイヤー（以下、SL）と名づける弁護士の役割は、未だ明確に一定の定義が確立されているわけではない。実際に学校教育体制のなかで生じる諸問題の本質または特質をどのように捉え、誰のために、どのような立場から、どのような活動をし、その問題解決のための役割を果たすことが求められるのかという課題が、まず明らかにされるべきであろう。

　本稿は、私自身の学校事件・事故による子どもの被害に関する相談活動や裁判など、学校教育現場に生じた問題に子ども・保護者の代理人としてかかわる経験を重ねるなかで、その問題の特質と子どもの権利救済のあり方、学校側との協力や紛争解決の過程での関係修復のあり方などについて考察してきたことに基づく試論である。

　私は、19年余りの裁判官在職中に、希望して通算10年間家庭裁判所で少年の非行事件を担当し、子どもの問題に関心を深めた。少年事件に関わって、少年が非行に至るまでの過程で、いじめなどの差別や、学校、家庭での不適切な扱いや虐待などによって傷ついてきた「被害者」の側面を背負って生きてきていることに気づかされた。そして、少年審判手続は、単に非行の法的責任に基づき「加害者」である少年を非難し裁くのではなく、少年を理解するなかで、その非行の意味を理解することが少年法の科学主義の本旨（児童精神医学、心理学など科学的知見に基づく社会調査の活用）であり、個々の少年の成長発達のニーズ（要保護性）に応じて、科学的合理的な根拠のある個別的処遇を行うことが健全な育成の理念に基づく保護主義（教育と福祉的支援）で

あること、また、審判運営に当たっては、少年にとっては自らの思いを主体的に語ることができ、その少年の思いに耳を傾ける場とすることに努めることを学んだ。1988年思いがけない病気で大学病院に入院中、子どもの権利条約草案を読み、子どもの人権の時代だと触発され、子どものパートナーとして子どもを支援する弁護士を志し、1989年国連で子どもの権利条約が採択された年に弁護士を開業することとなった。以来32年間子どもの虐待、不登校、いじめ、学校事故、学校事件による自殺等々の子どもたちに関わる問題を中心テーマにしてきた。子どもに関わる問題では、子どもの視点に立って考えることが決定的に重要であると気づくようになった。子どもの視点に立つという意味については、後の項で改めて述べるが、子どもの視点に立つと、子どもの人権を侵害している問題の本質が見えてきたり、とくに、子ども自身にも問題を切り抜けていくパワーがあることも見えてくることがある。その子どものパワーを認めて、大人と子どものパートナーシップで「いい関係」を形成することによって問題を解決する方法もあり、それが真の解決への道だと気づくようになった。

　現在試行され始めたSLの構想には、学校教育の場の現実の問題の本質を見据えたうえでの、子どもの視点に立った「子どもへの支援」という役割は明確には認識、検討されていないのではないかという素朴な疑問から、学校事件・事故等の問題の特質と解決の実際と課題をふまえながら、SLの役割について考察してみたい。

【2】学校教育現場の問題と子どもの権利

　近時、文科省等において学校教育現場に法律専門家が必要と考えられるようになった原因は、学校教育現場に生じる問題の深刻化と、問題に対する学校側の不適切な対応が社会的批判や訴訟による責任追及を受けることが増加したことであろう。文科省の「教育行政に係る法務相談体制構築に向けた手引き（第1版）－学校・教育委員会と弁護士のパートナーシップ」（2020年12

月）の前書きにも「虐待やいじめのほか、学校や教育委員会への過剰な要求
や学校事故への対応等の諸課題について、法務の専門家への相談を必要とす
る機会が増加している。」と述べられている。家庭で起こる「子どもの虐待」
を学校の諸課題に含めているのは、例えば、2019年1月に千葉県野田市で起
こった小学4年生の女子の虐待死事件で、その子が学校でアンケートに虐待
の事実を書いて訴え、児童相談所に50日間一時保護されたにもかかわらず、
教育委員会は親の強い要求に屈して彼女のアンケートの写しを交付し、児童
相談所は親のもとへ子どもを戻し、学校、教育委員会、児童相談所の連携の
不十分によって子どもの命を守ることができなかった事例が想起されるであ
ろう。ここには、子どもの視点に立って問題に対処する基本的な態度が欠如
していると考える。

　ところで、文科省の前記手引において指摘される学校教育現場の問題の深
刻さは、今に始まったことではなく、学校教育の荒廃と言われるようになっ
てすでに久しい[1]。

　1970年代から1985年頃まで全国の中学校等に校内暴力が広がり、それが警
察力の学校内への導入などで鎮静化した1985年には年間9人の中学生のいじ
めによる自殺が報道され、学校のいじめ問題が社会問題となり、2013年9月
28日いじめ防止対策推進法が施行された後も、今日に至るまで小学校から高
校にいたる学校でのいじめ問題はとどまるところなく広がり続け、また、
1970年代から増え始めた不登校という子どもたちの学校離れの現象も増加し
続けている。

　文科省が2021年10月13日に公表した調査結果によれば、2020年度小中高の
児童生徒の自殺が、小学生7人、中学生103人、高校生305人、合計415人の
過去最高を記録し、30日以上の不登校の小中学生は、過去最多の19万6127人
に達している[2]。この結果は、コロナ禍のもとでの環境変化の影響も無視
できないであろうが、文科省報告による自殺原因の分類は客観的根拠に乏し
く、内閣府の平成27年版（2015年）の自殺対策白書による過去42年間の18歳

以下の子どもの自殺数を年間の「日別」で集計した数字が、夏休み明けの9月1日に131人と群を抜いて最高値になっていることを考慮しても、学校による重圧が児童生徒たちにとって異常に大きいものになっていることは否定できない。

　本来、子どもに対する教育とは、子どもたちの生きる力と成長、発達する力を守り育てるものでなければならないものである。以上のような数値は、子どもたちの生きる権利、成長発達する権利の視点に立てば（子どもの権利条約6条）、子どもたちにとって、まさに学校教育の危機的状況を示すものであると言わなければならない。

　跡を絶たない体罰事件、指導死という言葉さえ生まれる教員の権力的な関わりによる児童生徒の自殺等々、また、私自身が子どもの代理人として担当した学校事件・事故や不登校のケースなども含めて、個々の事件の背景や基盤になっている学校教育現場の状況を見れば、児童生徒たちにとって、学びや意見表明の権利の主体である個として認め、尊重されるのではなく、集団として管理、指導される関係が支配的に存在していることは明らかである。そして、子どもにとって集団のなかで孤立した状態で放置される孤立感が、自己肯定感を失わせ、死を選ぶことにもつながるのであると考えられる。

　例えば、比較的最近の学校事故の実例として、愛知県の中学校の行事として、生徒らが灯油を染みこませた布を棒に巻いて点火して振り回す集団パフォーマンスであるトーチトワリングの練習中に、衣服にトーチの火が燃え移り重症の火傷を負った生徒が、指導教員に「自業自得だ」と言われ、その不信から不登校状態になり、保護者と学校側も対立関係になったケースがある。学校教育現場に現れる問題の典型例である。

　学校が抱える問題の本質は、児童生徒にとって、教員の「権力性」、学びや意見表明の権利の主体として対等に認めない「封建性」、学校の管理内で起こった事件・事故による児童生徒の被害や原因を適切、迅速に保護者に伝える基本的な初期対応が行われないことが珍しくない「閉鎖性」という3点

にまとめることができるであろう。この「権力性」、「封建性」、「閉鎖性」は、日本の学校制度が始められて以来形を変えながら多くの学校で引き継がれている。国際的には子どもの権利条約が成立し、批准された現代においても、子どもの最善の利益が優先的に考慮され、子ども自身の意見を表明する権利など、学校の教育過程に参加する権利行使の主体と認めて、子どもを支援する体制が、多くの学校では、一般的に確立されるには至っていないのである。さらに言えば、積極的に児童生徒が子どもの権利条約の学習を行う学校自体が極めて少数であると思われる。

　児童生徒と上記の「権力性」、「封建性」、「閉鎖性」の問題を抱えた学校との関係の不調和こそが、学校教育現場に問題が発生し、児童生徒の保護者と学校側の間にも対立関係が生じる基本的な要因であると捉えることができる。文科省は、2019年10月25日発出した通知「不登校児童生徒への支援の在り方について」において、学校を「心の居場所」にすることが求められるとしているが、多くの学校で、子どもたちが安心して豊かな人間関係を築きあうことができる「居場所」（川崎市子どもの権利条例27条に謳われているごとく）として自発的に参加する権利を保障されているとは言えない状況であろう。子どもたちは、通常、学校は行かねばならない所という意識を持たされているのである。

　子どもの視点に立った問題の認識があれば、学校教育現場の法務相談では、弁護士は、弁護士法１条に照らしても、社会的弱者である子どもたちの「基本的人権の擁護」を使命とする立場から、学校で発生する子どもに関わる問題の解決のために、子どもの成長発達の権利を守り、支援する関係を教育現場に築くことによって、法的対立関係を超えて、適切な教育的関係の修復を援助することを基本的な役割とすべきであろう。日弁連が『「スクールロイヤー」の整備を求める意見書』（2018年１月）において、「子どもの最善の利益の観点から、教育や福祉、子どもの権利等の視点を取り入れながら継続的に助言する」ことをSLの役割としたのは当然のことである。しかしな

がら、現在の SL に関する論説には、学校教育の危機的状況の本質的な問題を明確にしたうえで、子どもたちへの支援のあり方を議論するものが乏しいと思われる。「教師兼弁護士の視点から」と銘打った神内聡著「スクールロイヤー Q&A」[3] は、冒頭に「スクールロイヤーにとって最も必要な知識は、子どもの権利ではなく教育現場の実情に関する知識である」と述べ、前記のような児童生徒と学校の基本的な関係不調和の問題を考察した形跡がない。

【3】子どもの視点に立った子ども支援

　子どもの権利条約は、子ども自身が自らの権利を使うことができる「権利行使の主体」として、子どもの参加を保障することを基本原則としていると解されている。そして、同条約3条の「子どもの最善の利益とは何か」ということを知るためにも、12条の子どもの意見表明を権利と認めて耳を傾けるためにも「子どもの視点」に立って子どもを理解しなければならないことは当然である。それが、子どもの参加の大前提である。しかし、実際には、子どもの最善の利益はおとなが決める、子どもの意見を認めるかどうかもおとなが決めるとして形骸化しやすい。また、子どもの意見表明も、言葉を多く持たない子どものために、子どもの視点にたって代弁するおとなによる支援も必要とされる。

　私は、裁判官としては、少年を中心とする少年審判運営により少年の成長を支援することに努めても、司法の権限で少年に対し処分を決定して言い渡す立場として必然的な限界があった。しかし、少年院に送致した少年には、少年審判規則38条1項に定める動向視察として面会に行った。少年も面会を受け入れてくれ、審判時には知ることができなかった少年の成育過程の事情を知り、学ぶことができたり、社会復帰に際して戻る家庭のない少年のために、保護観察所の調査などが不十分と認められた場合、家庭裁判所が利用する補導委託先を紹介して、保護観察所長に環境調整命令（少年法24条2項）を発して、補導委託先に住み込み就職できるよう支援した。幼児期に受けた注

射による大腿四頭筋拘縮症の障害を有する女子少年が少年院在院中に手術を受けることを希望していることが動向視察の面接でわかり、少年院長の権限ではその手術を受けさせる措置をとることができないため、少年院に対し在院中に速やかに病院における手術を受けさせる処遇勧告書（少年審判規則38条2項）を提出して手術治療が実現し、文通をしたりの支援を試みたことはある(4)。

　弁護士としては、子どもにかかわるケースについては、委任契約は保護者との間で締結するが、その目的は子どもの利益のための支援であり、実質的には「子どもの代理人」であると保護者に説明して、子どもの支援をするようになった。少年事件では、背景に保護者からの虐待があるケースは少なくないので、保護者からは子どもの弁護の必要はないと拒否されるケースもあるが、附添人は少年自身が選任できるので、私は子どもから選任されましたと保護者に説明する。ときには少年自身が審判での保護者の同席を拒否したいと希望するケースもあるので、少年の附添人として家庭裁判所と話し合い、審判廷で保護者を同席させないで審理する場合もある。そういう附添人の役割について、少年のパートナーであると考えるようになった。

　学校にかかわる事件・事故では、「子どもの代理人」の立場から、子どもとの面接を重視するが、ときには不登校状態などの子どもとの面接ができないこともある。その場合には、保護者から、保護者自身の意見、主張を聴き取るだけでなく、それ以上に子ども自身の思いや態度について保護者に注意深く質問し、保護者が、自分の学校、教員に対する不信や不満と子どもの思いが異なることに気づき、保護者も子どもの思いを理解して、支援する態度で接することができるよう助言し、ときには学校以外のフリースクール、ホームエデュケーションによる子どもの学びの支援の方法に関する情報を提供し、保護者を子どもの支援者に変えることによって受任に至らないケースもある。受任して、学校側に子どもの被害への対応を求めるケースでは、まずは子ども、保護者から相談を受けた問題について、相談をしたいとの書面を

校長や教育委員会宛に提出し、子どもを中心に置いて問題の解決について協力関係を提案したことが有効だったと思われるケースが多い。

　子どもへの支援の試みとして、担当した３つの事例の要点を参考に紹介したい。

[事例1]　ひとつの校内暴力事件の解決

　裁判官として、1983年から約１年山形家庭裁判所酒田支部で担当した中学校の校内暴力事件で、調査官と共に中学校側を支援し、解決できた事例である[5]。その校内暴力は、庄内地域の町内の中学校を１校に統合した後に発生し、学校側は中心グループの８人の生徒の少年鑑別所収容を期待するほど混乱していた。当時は「腐ったミカン論」で問題生徒の迅速な排除が多くの学校で行われていた。８人グループのうち１名は家族関係にも大きな問題が認められたので、少年鑑別所に収容の上、県立児童自立支援施設（当時教護院）に送致したが、他７名は調査官の迅速な各少年の面接に基づき学校に復帰させる「在宅で審判継続」とし、調査官は少年らとの面接と並行して、学校に赴き、教員らと面接して各生徒らへの接し方について助言した。８人グループの中心的存在だった少年は、父がアルコール中毒で、母は少年と小学生の妹を残して家出し、少年が妹に朝食をとらせて学校へ送り出し、自分は水を飲んで遅刻して登校し、そのたびに教員から「また遅刻か」と叱声を受けていたという事情も調査官から教員らへ伝えられた。事情を察していた養護教諭のみは空腹の少年に自分の弁当を分け与えていたこともわかった。裁判官と調査官が、学校側の協力により、７人の少年と家庭裁判所で合同面接をして、少年らから生徒としての意見を聴く機会をもった。グループの中心の少年が、施設収容された少年を早く帰して欲しいと発言し、私は、彼が学校に戻れる環境にすることが大事で、君たちも協力してほしい、それは君たちの責任でもあると思うと答えると、彼は「わかった」と受けとめてくれた。その後、裁判官、調査官が学校へ赴き、ほぼ全員の教員が参加したケース会議を開いた。少年らは落ち着き、卒業式前には施設収容された少年も学校に

復帰し、卒業式後に8人の少年らが校長室へ来て花束を校長に贈呈してお礼を言ったことが山形新聞庄内版（1984年4月3日）の大きな記事で報道された。

　このケースは、法律家である裁判官とソーシャルワーカーである調査官の連携により、問題を起こす生徒が他の生徒らの学習権を侵害しているという対立構造として問題生徒の排除で解決を図るのではなく、教員らを支援することによって、教員にも少年らを支援する対応が生まれ、学校内の関係修復を有効に図ることができたと思われる。このことから、学校教育現場に関わる弁護士も、スクールソーシャルワーカーやスクールカウンセラーとの連携が考慮されてよいのではないかと思われる。

[事例2]　いじめ解決・教員を子どもらの支援者に

　小学校2年から3年生にかけて男児が同クラスの特定の男児から暴力的ないじめを受けているという母親の相談が愛知県弁護士会の子どもの人権相談に入り、私が引き継いで母親と面接したところ、学校側の対応にも不信が大きく、裁判もしたいとのことだった。まず、校長に相談をしたいという書面を出し、学校を訪問し、校長、担任らと面談をした。その際、加害児童について学校側の対応に対する依頼者母の不信の代弁ではなく、相談での守秘義務を説明して（関係修復を目的とした相談では、相談の場で出る修復を阻害する発言やプライベートな情報については、秘密を守る必要がある場合がある）、加害児童について、その家庭環境も含めて質問したところ、父親から暴力を受けているとの話が出たので、虐待の疑いがあることを指摘、児童相談所に学校側から相談もできることを助言し、加害児童が登校した際に、先生方からできるだけさりげなく声をかけてやるなど、彼が加害行為をしないかと監視する態度ではなく、親しく接してあげるようにしてみることを助言した。

　校長からその後も継続相談の電話が数回あり、やがて加害児童が落ち着き、被害児童と仲良く遊ぶようになったとの報告があったので、被害児童の母親と面接し、それを伝えると、母親もすでに知っていて、振り上げたこぶしをおろすようなかたちで終了した。ちなみに、この相談は無料で、被害児童と

の面接もしなかったが、学校側が子どもの視点に立って、双方の子どもを支援することによって、子どもたち自身の力で関係を修復したとも言えると考える。教員は、いじめが発生すると、往々にして「指導」によって禁止しようとする。しかし、この事例でも、双方の子どもにとって必要としていたのは、仲直りとか、仲良くするようにという「指導」ではなく、いじめという子ども同士の関係に生じている問題の背景、原因を子どもの視点から理解し、その関係の修復を支援することであろう。

事例3 女子高生に対する教員の不適切な扱い・学校の権力性、封建性、閉鎖性

　母親の病的過干渉に悩んでいた女子生徒が、登校時に、他の生徒らが大勢いる昇降口で、生徒指導教員から服装チェック等を受けた際に、彼女が中学校でリストカットしたことに触れて「お母さんに心配かけないで」と言われ、パニックになり、教室にたてこもり、担任教諭に抵抗して負傷させ、停学処分になり、校長は警察へ被害届けを提出したという相談を母親から受けた事例である。母親は子どもへの扱いが不公平と学校に対する強い不信を抱き、学校に対する責任追及を求めていた。

　女子生徒に対する停学処分言い渡しの書面には、停学期間中の家庭学習を学校と同じ時間割で、制服を着用して学習をするという指示が書かれていた。本人と面接し、校長に彼女のために相談したいとの書面を郵送し、学校で校長と話しあいをもった際には、彼女は家庭にも安らげる居場所がなく、高校にかろうじて安らげる居場所を求めていたことを伝え、一連の指導の誤りを指摘した。校長も誤りを認め、彼女と面接のうえ、謝罪し、直ちに停学処分を取り消した。彼女の傷害事件は家庭裁判所に送致されたが、附添人となって、以上の経過を報告し、不処分の決定を得た。その後は、私が継続相談で母親の愚痴を聞く役になり（学校側からは負担軽減で感謝された）、他方で教員は彼女に対する支援の配慮をし、大学進学を果たした。このケースの教訓がその後どれほどその高校の運営に活かされたかは不明である。

【4】 子ども支援のためのスクールロイヤーの役割試論

　従来、学校の運営、経営に関して法的助言をしたり、紛争について学校側代理人を務めることは顧問弁護士の役割であった。顧問弁護士も、学校で子どもの人権侵害があれば、弁護士法1条に基づき子どもの人権擁護の観点から学校側に対してもその法的責任を負うべきと意見を述べるのが使命であり、弁護士倫理として求められるはずである。しかし、現在、学校教育現場の問題の状況が顧問弁護士の代理人活動では対応が困難であるところから、SLが求められるようになった。現在、実施され始めたSLは、学校側からの相談を受けるが、学校側の代理人ではなく、中立の立場で法的助言を行うものとされている。また、その役割のメリットとして、教員の負担軽減が第一に期待されている。「子どもの最善の利益」を考慮する観点から学校側に助言する役割もあるとされているが、「中立」であるから児童生徒、保護者の相談は受けないとも言われる。この「中立性論」は、子どもの視点に立って児童生徒の権利、最善の利益を守るために寄り添い支援するのではなく、学校側の権益を守る「隠れ蓑」になる危うさを感じざるを得ない。

　いま、真に求められるSLの役割が、学校教育現場における子どもの最善の利益を守り、子どもの権利の侵害の予防、救済のために、問題が生じた教育的関係の修復に寄与することであるとすれば、SLの役割に必要なものはその「独立性」の保障ではないかと考える。

　たとえば、少年院には、2015年改正により外部委員による視察委員会が各少年院に設置されたが、視察委員会は、独立の委員会として、在院少年の秘密を守りつつ、各寮に少年が投書できる提案箱を設置し、在院少年と面接して意見を聴くことができ、少年院の運営に関して問題の指摘や改善の意見を述べる。しかし、個々の少年の相談を受けて援助する役割はない。SLについても、少なくとも少年院視察委員会のような独立性をもち、児童生徒からも意見を聴くという役割も必要であろうと思う。

　SL の独立性と専門性を確保するためには、弁護士会からの個別的な推薦による派遣よりも、SL の団体を組織し、専門的研修と各学校への派遣というシステムが必要ではないだろうか。

　また、SL の学校での役割としては、スクールソーシャルワーカーやスクールカウンセラーとの協働による子ども支援の方式を作っていくことが考えられる。

　現在、各学校に設置されている「いじめ・不登校・虐待対策委員会」なども、SL、スクールソーシャルワーカー、スクールカウンセラーが参加して、個々のケースについて実質的な検討ができるケース会議として、活性化していくことも考えられる。

【5】 結び

　いま、学校、学校生活におけるさまざまな関係不調に苦しむ子どもたちは多い。学校が、子どもたちにとって、安心して豊かな人間関係を築きあい、それぞれが自分らしく成長発達していくことができる場になるために、SL の制度は重要な役割を果たすことができる可能性があると思われる。

　私は、子どものパートナーとして支援するために、自らに戒める次の 3 つのことがあると考えている。①子どもを支えること。指導監督をしない（お説教をしない）。②子どものことは子どもから学ぶ（子どもの視点の意味を学ぶ）。③子どもにかかわるプロセスを大切にする（楽しむ）。

　学校では、教員は「指導」に傾き、その前に子どもの思いを汲み取ることをないがしろにしがちであると思われる。いじめの相談を受けて、学校に赴き、担任教諭と相談をしたとき、依頼者である子どもは、いじめを訴えても、先生は半分しか聞いてくれないと言っていると話したところ、担任もいじめを認め、対応が不十分だったことも認めてくれたが、次に出た言葉が「これからは、もっと子どもが話してくれるように指導します」で、「指導」より子どもの思いを聴きなさいと怒鳴りそうになったことがある。

「指導」は往々にして、子どもの力を軽視し、解決の糸口を見落とす危険があると考える。

　現実の学校において、苦しむ子どもたちの思いに寄り添い、自らも苦しんでいる教員の思いを表現した二つの短歌がある。

　幾人のこころ見殺す職業か　校廊の灯は消えておそろし

（米川千賀子「真夏の櫂」砂子屋書房、1988年）

　グランドにしゃがみたるまま動かざる　17歳の老い深き顔

（岩下静香「ナチュラルボイス」ながらみ書房、2002年）

　このように子どもに寄り添い、共に悩む教員など、子どもの支援者となり得る教員は決して少なくないと思う。苦しむ子どもを支えながら共に苦しむことができる教員を支援する役割を、専門職の一員として法律家である SL が果たすことによって、子どもたちにとって学校教育は変わることができるだろうと信じたい。

（多田　元）

注

（1）山崎真秀著『憲法と教育人権』勁草書房、1994年、2頁以下。

（2）文科省「令和2年度（2020年度）児童生徒の問題行動・不登校等生徒指導上の諸課題に関する調査」。

（3）神内聡著『スクールロイヤー—学校現場の事例で学ぶ教育紛争実務 Q&A170』日本加除出版、2018年、「はじめに」1頁。

（4）『家庭裁判月報』第27巻1号、156頁に処遇勧告事例として掲載。

（5）「全国裁判官懇話会報告Ⅲ—現代社会の裁判と裁判官像を求めて（少年分科会）」『判例時報』1143号、19頁（H裁判官の発言で紹介した事例）。

［実践編］

第9章　スクールロイヤー制度の現状と課題

Ⅰ　愛知県一宮市における実践と検討

【1】はじめに

　子どもの権利に関する相談を受けていると「学校がこう動いていたら結果は違っていただろうに」であるとか「学校がこういう声掛けをしていたら、ここまでこじれなかっただろう」などと感じることがままある。学校に子どもの最善の利益を考えて助言をする弁護士がいたら、子ども達の権利はもう少し守られるのではないか。そう思っていたところご縁があり、2013年夏頃から愛知県一宮市で学校巡回相談を担当している。いわゆるスクールロイヤー（以下、SL）であるが従来から行っている学校巡回相談業務であるため、日弁連の意見書で定義されるSLを実践しているというものではない。本稿では、学校巡回相談及び子どもの権利擁護にかかる私の経験に基づき、SLの実践とその課題について述べる。

【2】スクールロイヤーの実践

1．具体的活動方法

　一宮市では毎月1回学校巡回相談を行っている。1校当たり約1時間の相談であるが、移動時間も必要なので、1日に訪問できる学校数は4校程度である。市内の小学校は42校、中学校は19校であるから、現状、弁護士の人数を増やすか、巡回回数を増やさない限り1年かかってもすべての学校を訪問することはできない。そこで、教育委員会が学校から法律相談の申し込みを受け、相談内容の緊急性などを踏まえて、各月の訪問スケジュールを決めて

いる。

　巡回相談開始当初、「弁護士への相談」に抵抗があり相談数が少ないのではないかと心配したが、教育委員会の方々が「気軽に相談申込をしてもよい」ことを校長会等でアピールしてくださり、現場のニーズもあって、毎回相談枠は一杯である。

　訪問のメリットは、①物理的にも心理的にも距離が近く質問しやすいこと、②資料や現場を見ながら相談を受けられること、③関係者（教員）の話を直接聞くこともできること、④日頃の些細な相談事もついでに相談できることなどがある。

　まず、①事務所や拠点を訪問する（アウェイ）のではなく、弁護士が学校へ出向くことで相談のしやすさは格段に上がる。また、学校（ホーム）では、教職員の方々も緊張することなく十分に相談することができる。

　②学校には相談内容についてのすべての資料があるので、アドバイスのために必要な資料がすべて相談時に揃う。また、学校事故の相談について、その現場をすぐに見せていただくことができ、事故の再発防止のためのアドバイスもできる。

　③一定の事実を相談者である管理職が把握していない場合でも対応した教職員の話を確認することができるし、担当教員に直接アドバイスしてエンパワーすることもできる。

　④学校は相談予約時に想定していなかったことを余った時間で相談できる。雑談中に、弁護士の視点で見ると留意が必要と感じる点があり、学校現場で当然と考えられていることについて一緒に考えてもらうこともある。その内容は、具体的対応方法であることもあれば、考え方であることもある。紛争予防の点からは④が最も重要であり、ここで紛争の芽を摘むことができれば誰にとっても有意義な制度となる。常駐でなくともすべての学校を巡回できれば、現場の様々な悩み（紛争の芽）をお聞きし、対応時の留意点を伝えることができるが、現状はそのような制度となっていない。弁護士の学校巡回

は月1回の予約制であるため緊急の相談に対応できない。そこで、学校巡回相談に加え、メール相談と電話相談を併用している。

2．学校の現状

　紛争性を帯びつつある案件の相談を受ける度に感じるのは、多くの教職員の方々が子どものために一生懸命考え、対応していることである。学校では日々の業務中で、突発的な事故やトラブルが毎日のように起こり、それぞれに速やかかつ細やかな対応が期待される。完璧に職務を全うするには多様な知識と経験が求められる。しかし、教職員も完璧ではないし、子どもや保護者の反応は千差万別で、完璧な対応など不可能である。それでも、学校が子ども達にとって安心して過ごせる場所であるように、学校は努力を続けなければならない。

3．アドバイス内容

　学校巡回相談でしばしば指摘するのは、①子どもの権利についての意識の低さ、②法令への関心の低さ、③組織的対応の必要性、④調査の不十分さ、⑤記録の取り方、⑥事実と評価の区別、⑦必要性と相当性（許容性）という物差しなどである。

①子どもの権利についての意識の低さ

　子どもの権利を不要と思っている教職員はいない。しかし、子どもの権利についての意識が高い方もまた少ないのではないだろうか。「人権」はすべての人に平等に与えられており、全ての人が人として尊重されるべきだと言えば、ほとんど反論は出ないが、その意味をおとながわかっていないと子どもの権利が守られる社会は形成されない。子どもは弱者だからである。

　学校では「先生」と「子ども」が人として対等であるにもかかわらず、人間関係は「指導」の主体と客体という上下関係になりがちである。もちろん学校である以上、成長過程にある子ども達に指導は必要である。しかし「指

導」には上下関係が内在する。その結果、本来対等であるべき関係性についても、上下関係であるように錯覚してしまうのではないかと思料する。これは子どもの権利についての意識の低さの一つの原因であろう。

そのほか、相談事案の説明を聞いた後、「それで子どもは何と言っているのですか？」と聞かなければならないことがある。その多くが教職員の関心が保護者対応に向いているケースである。仮に保護者対応に関するアドバイスをするとしても、子どもの意向を確認せず、解決に導くことは難しい。保護者は、子どもが苦しんでいるのを見て学校へ「保護者の考え」を伝えているに過ぎないのであるから、子どもの苦しみがどこにあるのか、意見や希望がどこにあるのかを（確認できるのに）確認することなく方向性を示すことはできない。子どもが苦しみから解放されれば、保護者も苦しみから解放される。保護者だけが満足する結果は目指すところではない。子どもの意見と保護者の意見が異なる場合もあれば、同じ場合もある。子どもは子ども。保護者は保護者。学校からの相談では子どもの意見と保護者の意見が峻別して検討されない傾向があるので注意が必要である。

②法令への関心の低さ

弁護士業務の行動規範は法令や要綱等のルールである。ルールには原則と例外があり、原則的ケースなのか、例外に該当するのかを検討して行動の方向性を決める（方針をアドバイスする）。このようにルールを確認し、それをどのようにあてはめるのかを検討して対応するのが弁護士の習慣となっている。

他方、学校現場では、普段の業務の根拠がどこにあるのかほとんど意識されていない。主に経験、勘及び慣習が行動規範である。平時において、経験や勘は重要であり、若い方はベテランのそれを教えてもらいながら力をつけていく。

ところが、一旦トラブルになると、慣習は役に立たないうえ、経験や勘のみで対応すると事態を悪化させることもある。トラブル時こそ、原則を意識

して行動しなければならないが、普段から考えていないことを緊急時に行うことはできない。つまり、平時から法令や要綱等に関心を持ち、どのような根拠で仕事をしているのかを意識し、日々慣習的に行っている業務が原則的対応なのか例外的対応なのか、法令に照らして誤りはないか、不必要な業務は削減できないかなどと考えることが、トラブル時に原則に戻った対応ができる力の基礎となる。それゆえ、学校現場にはこの力もつけていただきたいと思う。根拠や原理原則について疑問に思う瞬間があっても、業務に忙殺され、確認する時間がないのが実際であるので、SL に気軽に相談できるのが望ましい。

③組織的対応の必要性

学校事故が発生したときに学校内での情報共有ができておらず、管理職と担当者で対応がちぐはぐになり、家庭との信頼関係を破壊してしまったり、子どもや保護者が担任に不信感を抱いているにもかかわらず、対応窓口を担任から変更せず関係修復が困難になったりする事例もある。

普段から情報共有や役割分担を怠らず報告・連絡・相談がスムーズにできる組織づくりをし、非常時においても組織として柔軟に対応することが、結果的に子どもの利益になる。

④調査の不十分さ

多くの教職員は調査の仕方を学んだことがない。しかし、いじめ等の訴えがあれば、調査はその「普通の」教職員が行うことになる。この仕組み自体に無理があるとも言えるが、現場にそれが求められている以上、十分な調査ができるようにしなければならない。

調査においては、先入観を持たず、誘導せず、話しやすい環境を作って行う必要がある。

しかし、最初に「足を蹴られた」とか「消しゴムを取られた」という話をきいてしまうと、仮に「何もやってない」という回答があっても、「足を蹴ったでしょ」とか「消しゴムを取ったでしょ」などと聞きたくなる。調査対

象の子どもはどう受け止め、何を答えるだろうか。

　また、調査対象の子どもが「足を蹴った」ことを認めた場合、認めたのなら謝りなさい、と話を進めたくなるが、足のどのあたりをどのように蹴ったのだろうか。訴えた子どもは足のどのあたりをどのように蹴られたと言っているのだろうか。いつ、どこで起きたことの話をしているのだろうか。双方の話は事実として一致しているのだろうか。

　事実の認定は非常に難しい。ある人が認識していた事実を別の人に話すとき、そこには無意識にフィルターがかかる。他人に経験を伝えるとき、経験、認識、記憶喚起、言語化、表現などのステップがあり、写真のように出来事を伝えることはできない。仮に写真のように出来事を伝えたとしても、それは一面に過ぎず、別の角度から見たら全く違って見えるかもしれない。そもそも人の記憶力がどの程度正確なのだろうか。調査にあたり、その困難性を認識することが必要である。

⑤記録の取り方

　十分な調査をしても、記録が不十分であれば、調査結果を正しく利用できない。

　教職員が調査記録を作成するとき、自分はわかっているため主語や登場人物の名前や時間や場所を省略しがちである。例えば、「保護者が迎えに来たので帰ると言って門を出て行った」との記載を読んでどのような場面を思い描くだろうか。誰に「帰る」と言ったのだろうか。どこで言ったのだろうか。どの門から出て行ったのだろうか。保護者とは誰だろうか、父か母か祖父母だろうかというように、この記述から特定できる情報はあまり多くない。ところが、記録作成者は「いつも母親が迎えに来る」とか「この時は学年主任が対応した」といった情報を当然の前提としているので、無意識にそれを前提に記録を書いてしまうのである。

　人間の記憶はあいまいであるため、万一法的紛争になった時に、どのようにでも解釈できる記録は、かえって争点を増やすことになりかねない。そこ

で、調査結果や日常の記録の際には、主語と述語を対応させ、誰が誰に何を聞き、誰が誰に何をどのように答えたかが、誰が読んでもわかるように記載することを意識してほしいと伝えている。

⑥事実と評価の区別

記録の作成においては、事実と評価の区別も重要である。弁護士は、証拠を集め、集めた証拠の評価によって事実を認定するという裁判制度に馴染んでいるため、事案を整理するときに、自然と事実と評価（場合によっては当事者の感情）を峻別している。

しかし、学校現場で記録を読むと、ほとんどの場合これらが混在している。しかも混在していることは意識すらされていない。それゆえ、管理職や引継ぎを受けた者が、主観と客観が区別されていない文章を、主観と客観を意識せずに読むことになり、事実とは異なる内容が事実であるかのように独り歩きしてしまうことがある。

これを避けるためには、調査において事実と評価を区別して聞き取り（例えば「○○だった」のか「○○だと思った」のか、などを丁寧に聴き取るなど。）、その内容を客観的に整理し、それを意識して記録することが有効である。

事実と評価の区別は一つのスキルであるので、意識するとできるようになるが、意識しないと文章内に事実と評価が（場合によっては感情も）混在してしまうので留意が必要と伝えている。

⑦必要性と相当性（許容性）という物差し

子どもや保護者から学校へいじめやトラブルの相談があった場合、学校へ子どもの要望が伝えられる。学校現場では日々その要望に対し、対応すべき内容か、対応できるか、対応するかの判断を迫られる。判断基準にはこれと定まったものがないが、できる限り子どもの話を聴き、子どもの権利が侵害されない形で対応を決定する必要がある。

この点、勘や経験あるいは慣習を基準としたのでは、若手教員は判断できない。また、経験や慣習では新しい社会問題に対応できない。

　そこで、法的枠組みの物差しである必要性と相当性（許容性）の検討をしたうえで、判断するようアドバイスしている。つまり、子どもの最善の利益を実現するために、求められた対応をする必要があるのか、求められた対応をすることが相当なのか、何か他に方法はないかなどを検討して判断するという方法である。法律が作られるときには立法事実がある。誤解を恐れずに大雑把に説明するなら、何かを規制するには規制する必要性があり、かつその規制が権利侵害になるとしてもそれが許容されるべきであるという規制の相当性（許容性）がなければならない。弁護士は、多くの場合、意識的または無意識的にこの枠組みを応用し、事案を踏まえて「過剰要求」なのか、「応じるべき要求なのか」、あるいはどのような方策をとるべきかをアドバイスしている。

【3】 スクールロイヤーの課題

　SL制度の課題は、目指す規模や期待される役割と密接に関係するため、ここですべてを論ずることはできないが、そのいくつかについて以下に考察する。

1．現場の対応力の低下

　SLを導入すると現場の対応力が低下する恐れがあると言われることがある。トラブルをすべて弁護士対応とすることで現場の教職員の対応能力が向上しないという問題意識からくる課題である。

　まず、仮にSLが学校に常駐したとしても、子どもと直接接するのは教職員であり、話を聴き、対応するのも教職員である。弁護士に子どもや保護者との対応をすべて任せるSL制度は想定されていないので、教職員が対応を経験する機会がなくなることはない。

　また、トラブルの未然防止の役割を担うSLへの相談は、紛争化する前あるいは紛争が激化する前に行われる。そして、上述のように弁護士のアドバ

イスは結論のみでなく、子どもの権利に関する考え方、事実認定や判断枠組みに関するノウハウの教授を伴う。これにより、相談をうけた教職員は新たな知識を得、スキルやノウハウを身に着け、対応力を向上させることができる。

　よって、SLの導入により現場の対応力が低下するという危惧は不要と考える。

２．責任転嫁・回避

　SLの導入によって、弁護士から一定の回答を得て対応したところ期待通りの展開とならなかった場合に、自分の責任を回避するような、責任転嫁傾向になるのではないかという問題意識もある。

　確かに、特定の事案について、何から何まで細かに相談し、一つ一つの相談で言われた通りに行動するということになれば、管理職や教職員が「うまくいかなかったのは自分の方針ではなく弁護士のアドバイスが悪かったのだ」として責任回避的な発想になることはあるかもしれない。また、教職員や教育委員会が「弁護士がこう言ったのだからこの対応は正しい。」とか「弁護士に相談していますから。」などと自ら主体的に検討せず、弁護士を盾にして子どもや保護者に説明しようとすることもあるかもしれない。

　しかし、学校現場ではリアルタイムに様々な問題が起こり、また状況が変化していくので、SLがそのすべてについて細かに相談に対応し、回答できることは少ない。また、仮にそのような相談ができる体制になったとしても、相談者に責任転嫁傾向の姿勢を感じたら、SLはアドバイスの際に相談者が自分で考え選択できるよう話をする。すなわち、上述したような基本的考え方を教示し、事案を一緒に整理し、一定の基準をもって判断できるよう支援するのである。そうでないと、次に状況が変化したときに学校現場で対応できないからである。

　このように、SLへの相談で責任転嫁できる状況になることは一つの課題

であるが、SL が回答の仕方を工夫したり、考え方や知識を教示したりして学校現場が最終判断をすることができるように支援することで解決できる課題である。

3．アドバイス内容の共有と独り歩きのリスク

　SL 制度の課題として、アドバイス内容の共有と独り歩きのリスクがある。

　SL への相談内容のいくつかは、抽象化・一般化して回答することができる。そのような相談内容は、直接相談をしていない学校や教職員で共有して研鑽に利用してもらうとよいと思う。

　他方で、一見すると一般的であるが、当該事例の特殊性に鑑みて一定の方向性を示した回答をする場合もある。この種の相談については、具体的事案の詳細を省いて結論だけ共有すると、誤った知識を得ることにつながる。

　例えば、「保護者から要求された謝罪文を出すべきか」という相談が度々ある。しかし、その内容は千差万別であり、詳細を聞かずに回答をすることはできない。

　ある事例では、学校に過失責任があり、これまでの話し合いの中でも学校は子どもや保護者に謝罪の言葉を述べていた。この種の事例においては、管理職からの手紙など謝罪の旨を記載した文書を渡すことで信頼関係が回復でき、事案の解決につながることがある。もちろん出す以上は、その内容を十分に精査し、過不足ないものを出すことが前提である。他方、学校が謝罪をすべき事情がないか、あるいは調査中であるにもかかわらず、学校の責任を認めた謝罪文を求められる場合、謝罪文を出すことでかえって事態が混乱し、整理がつかなくなる可能性が高い。

　弁護士は、前者の事例では「出してもよい」あるいは「出した方が良い」という回答を、後者の事例では「出すべきでない」と回答をすることになる。一般化すると同じ質問になるが、個別具体的事情により回答が真逆になるのである。子どもは皆異なるし、事案も関係者も皆異なるのであるから、結論

が異なるのは当然のことであるが、ある事例をとりあげて「謝罪文は出すべきでない」という情報が共有されると、「（どんな事例でも）『謝罪文は出すべきでない』と弁護士相談で指導された。」という誤解を招く恐れがある。弁護士による法律相談の結果を共有し、次に生かそうとする場合、この点が正しく伝わらないリスクがあるため、留意が必要である。

４．保護者や子どもと直接接触することの可否

　SL は子どもの最善の利益のためにアドバイスをする者であり学校の代理人ではないが、子どもの代理人にもなれない。SL が子ども本人や保護者の相談を直接聴いたり、直接話を聴いたりすることは、立場を誤解させる恐れがあり好ましくないのであろうか。

　確かに、弁護士が子どもや保護者から相談を直接受けると、自分の代理人となって学校と話をしてもらえるのではないかという期待が生まれることは否めない。

　しかし、SL が双方の代理人ではないということをきちんと説明したうえで、子どもや保護者から弁護士の見解や話を直接聴きたいという要望がある場合、それに応えることで事案の早期解決に資することがある。また、面談等において子ども自身の代理人をつけたいという意向が分かれば、あるいは、SL が子どもに代理人を付けた方が良いと思えば、その方法を教示することもできる。

　よって、SL は、自らの立場を事前に説明したうえで、子どもや保護者から直接話を聴くことがあっても差し支えないと考える（私見）。

５．教育委員会との協働

　公立学校において SL 制度が機能するためには、教育委員会との協働が欠かせない。どんなに素晴らしい SL 制度を作り、何人もの弁護士が待機していても、必要な相談がきちんと SL に届かなければ絵にかいた餅となってし

まう。

　この点、一宮市の制度は上述のとおりであり、現場から「弁護士に相談したい」という希望があれば、原則として直接相談できる運用となっている。相談事項は事前に（緊急の場合は事後に）教育委員会に報告される。

　教育委員会との協働については、どのような制度を構築するかが課題となっている。教育委員会（あるいは取次担当）で質問事項の選別をすると、早期相談のメリットが減殺されてしまうので、可能な範囲で学校現場がすぐにそのまま質問できる制度にすることが望ましい。多くの自治体における顧問弁護士相談のように、十分に資料の準備をして相談の予約を入れ、法律事務所に行くという制度よりは、相談したいときにすぐにアクセスでき、不足の書類はその場で、あるいは後日確認して方針を決めるというようなスピード感を持った対応が可能な制度（弁護士へのアクセスが容易な制度）ができれば、紛争予防にも資するものとなる。

6．弁護士の質（知識経験）の確保

　子どもの権利擁護に注力している弁護士は残念ながら多くない。その弁護士の多くがSLになったら、学校で辛い思いをしている子どもの代理人となれる弁護士がさらに少なくなくなってしまう。そこで、子ども達のためのSL制度が全国に広がっていくためには、SLの担い手となる弁護士の人数の確保とその質（知識や経験）の維持が課題となる。

　虐待などの家庭の問題が子ども達の学校での生活に影響を与えることも多いため、SLとして相談に対応するためには、子どもに関する法的対応の幅広い知識や経験が必要になる。

　また、対応困難な保護者についても、学校へ要求を伝える保護者は単なるクレーマーではないので、アドバイスの前提としてバランス感覚も必要となる。

　5で述べたような弁護士へのアクセスが容易な制度にするためには、この

ような知識・経験を有する弁護士を増やし、SL として活躍してもらう必要がある。

　さらに、SL を増やすには、SL という業務が弁護士にとって魅力的でなければならない。子どもたちの権利擁護のために活動することは非常にやりがいがある。しかし、その能力や知識を活用して業務として行う以上、一定の報酬水準以上でなければ SL を増員することは困難である。SL への早期相談によって紛争が未然に防止される場合、事件が起きないのでその効果は見えにくいが、子どもたちにとっても、学校現場にとっても、社会にとっても意義がある制度であるという理解に異論はない。SL 制度を構築するにあたっては、弁護士報酬が適正な水準となるよう検討されることが望まれる。

【4】 結び

　「僕は先生に謝ってもらってない。」。

　学校でいじめが起き、教職員が対応を誤り、いじめられた子は学校へ行けず、保護者と学校が対話をしているとき、教職員は保護者に謝罪するが、いじめられた子本人に謝る機会がないまま時間が経過することがある。先生方がこの子のために「どうしたらよいか」と悩んでいても、それは子どもに全く伝わらない。おとなは子どものことを考えているつもりでも、子どもは途中から置き去りにされてしまっていたからである。学校はこのことに気付かない。

　この点に気付き、アドバイスできるのが SL である。

　SL への相談は氷山の一角に過ぎないので、教職員への助言の目指すところは、弁護士に依頼して「楽になった」ではなく、紛争対応の方法や子どもの権利の視点について「勉強になった。」とか「次に活かせる。」という気付きや学びを得てもらうことである。SL は、子ども達が安心して過ごせる場所を作ること、及び、教職員が安心して教育に専念できる環境を作ることの手助けができる立場である。

SL が実のあるものとなるためには、子どもの最善の利益を常に念頭に置いてアドバイスする弁護士が相当数必要であるが、まだ、弁護士の方の準備が整っていないようにも思われる。

学校を守るためでなく、子どものために助言することが、結果的に学校を守ることになる。それゆえ、SL には、助言はするが、学校を甘やかすことはしないという気概が必要である。大切なのは、遠慮なく、忖度なく、弁護士が学校に言うべきことをいうことである。SL は教育委員会や学校と馴れ合いになることのないよう気を付けなければならない。

SL が単に学校の利益を守るための法律家になることのないよう、弁護士も日々研鑽し、教育委員会や学校と十分に意見交換し、制度構築をする必要がある。SL が子どもの最善の利益を守るために独立して法的助言をする存在であるということを、教育現場（学校）に浸透させることが肝要と考える。

（竹内千賀子）

Ⅱ　愛知県長久手市における学校巡回弁護士の実践を踏まえて

【1】　長久手市で学校巡回弁護士制度を始めた経緯

　私の所属する愛知県弁護士会子どもの権利委員会は、長年にわたり、「子どもの人権相談」という面談と電話での相談を行ってきた。その中には、いじめや、学校事故、教員の不適切指導を巡る学校の対応に関する相談も多く、私たち弁護士からみると、学校の不適切な初期対応がきっかけとなり問題を深刻化させてしまったと思われるものもあり、より早期に弁護士が子どもの権利の観点から助言をさせてもらえていたらよかったのにと思うことがあった。

　私たちは、ときには、そのような事案で、相談者の代理人としてでも学校側の助言者としてでもなく、子どもたちにとってより良い学校にするために、子どもの権利の観点から学校へ意見を述べ、調整的な活動を行ったこともあった。こうした経験から、私たちは、子どもたちが安心して通える学校になるよう、学校に対して、子どもの権利の観点から助言したり、仲裁したりできる制度ができると良いと考えるようになった。

　また、2013年には名古屋市で中学生いじめ自死事案があった。この事案を契機に、子どもの権利委員会としても弁護士にできる取組を考えた。翌年発表されたその自死事案の検証報告書には、「いじめ防止は、子どもたちにかかわることである。子どもたちが、『いじめ防止』を自分のこととして、自分で考え、行動することは、子どもたちの権利であり、大人は、それを支援しなければならない。」とあったが、私たちも同じように考えていた。同じころ、東京で弁護士によるいじめ予防授業が始まっていたこともあり、私たちは、子どもの人権の視点から、子どもたちに主体的にいじめについて考えてもらうための「いじめ予防出張授業」を始めた。

　その後も私たちは、多くの子どもたちが生活の大半を過ごす学校で、「子どもの権利」の保障を根付かせたいという思いを形づくっていくため、勉強会を経て議論を重ねた。そこでは、子どもの権利を救済し擁護するためには、子どもや保護者と学校との間に生じてしまった問題の調整や仲裁ができる機関が必要ではないか、しかし、弁護士に馴染みのない（むしろ警戒心を抱いている）学校が、弁護士が調整・仲裁する機関を利用してくれるか、有効に仲裁ができるか等の議論があった。そして、遠回りのようではあるけれども、学校現場で弁護士が子どもの権利の視点で助言をすることにより、子どもが安心して過ごせる学校となり、問題が深刻化せずに済む、結果として教員の負担も軽減できるということを体験してもらい、それによって学校、教職員に子どもの権利の視点で問題を見ることの良さを実感してもらえるようになって、いつかは子どもの権利の視点での調整機関ができるのではないかとの考えに到達し、愛知県弁護士会子どもの権利委員会が考えるスクールロイヤー（以下、SL）制度を各自治体や教育委員会に提案することにした。

【2】 長久手市の学校巡回弁護士試行事業の内容

　そして、実現したのが2019年度の愛知県長久手市での学校巡回弁護士試行事業である。長久手市は小中学校が併せて9校という試行事業に適した規模の自治体だったので、学校巡回弁護士制度の試行を愛知県弁護士会から長久手市に働きかけた。このとき「SL試行事業」と銘打たなかったのは、様々な「SL」概念があり、「SL」という言葉を用いることにより私たちが行おうとしている学校への関わりを誤解されてはいけないという思いからで、先行して行われていた愛知県一宮市の学校巡回弁護士制度が私たちの目指すSLと近かったので、同じ呼び名を用いた。試行事業の検討段階において、行政が常勤や非常勤の弁護士を雇用すると「市民をやっつけるために弁護士を雇ったのか」という苦情が寄せられることがあるということを耳にし、学校巡回弁護士制度はそのような苦情が寄せられる制度にはしたくない、子どもた

ちの権利を守るために導入したのだと理解してもらえる制度にしたいと強く
感じ、そのように長久手市とも協議を進めた。

　長久手市学校巡回弁護士試行事業は、「子どもたちの人権に関わる問題に
ついて（対象）」、「弁護士が学校を訪問して相談を受け（実施方法）」、「子ども
の最善の利益を念頭に置いて、教育及び福祉の視点を取り入れた法的指導助
言を行うことで（弁護士の役割）」、「学校運営の安定等を通じて子どもの人権
を保障し、学校における子どもの成長と発達を支えること（目的）」を目指
した。そして、学校巡回弁護士は教育委員会、市、学校、教職員の代理人と
しての対外活動を行わず、児童生徒及びその保護者からの依頼による相談対
応も行わないこととした。試行事業では、私ともう1名の弁護士が2名で、
原則として月に1回拠点校を訪問し、教育委員会指導主事、学校関係者から
の面談相談を受ける方式をとり、緊急に対応が必要と考えられる案件、面談
相談後の継続相談ではメール、電話での相談も可能とした。

　この試行事業を経て、学校巡回弁護士事業は2020年度から長久手市の事業
として実施されることとなった。そこでも試行事業の理念、制度は受け継が
れ、学校巡回弁護士事業が子どもの最善の利益を念頭に置いて行われるもの
であり、学校における子どもの成長と発達を支えることを目的とすることが
明確に謳われ、弁護士会から推薦された子どもの権利に関する専門的知見を
有する弁護士に委嘱することも要綱で定められている[1]。

【3】 実践とメリット

　具体的な活動のイメージは後記「Ⅳ　スクールロイヤーの活動の具体例」
を参考にされたい。学校側に感じてもらった学校巡回弁護士のメリットは以
下のものがあげられると思うが、いずれも「子どもの最善利益を念頭に置い
た教育、福祉の観点を取り入れた助言⇒学校運営の安定等⇒子どもの人権保
障」に繋がるものである。

1．共通して貫きたい価値観「子どもの権利」の提示

　よくあるのが、時には行き過ぎとも思える繰り返される保護者の要求にど
こまで応えるべきかという相談である。このようなとき、子どもは必ずしも
保護者と同じことを望んでいるとは限らない。子どもにとって学校は保護者
と切り離された子ども個人として周囲との関係を築いてきた場所であり、こ
れからも長い時間を過ごすであろう場所である。したがって、保護者と子ど
もが異なる考え方を持っていても何ら不思議ではない。しかし、保護者は学
校の対応や理論に、学校は保護者対応に、目を奪われがちとなり、子どもが
学校でどう過ごしていきたいと思っているかに考えが及ばなくなってしまい
がちである。学校は多くの子どもにとって学びの場であるとともに生活の大
半を過ごす生活の場であり、子どもは権利の享有主体としてその意見（気持
ち）を尊重されなければならない。子どもの最善の利益（子どもにとって一番
良いこと）は、子どもの気持ち抜きには考えられないからである。そこで、
学校巡回弁護士は、「子どもはどう考えていますか。」「学校が大切にしたい
ことは何ですか。」と教員に問いかける。これにより、教員は、保護者対応
が中心になり子どもの気持ちを確認すらしていなかったことや、学校が守る
べき子どもの権利に気づく。また、「保護者が子どもを大切に思うがゆえに
感情的になることに学校も理解を示し、学校も子どもが大切であるから共に
子どもを中心に考えましょうと語りかけ、話し合いをしてください。」と促
す。このような働きかけを行うことにより、保護者も学校も子どもの気持ち
に耳を傾け、子どもの最善の利益を考えて行動することができるようになっ
ていく。勿論、それでも保護者が子どもの方向を向けないほどこじれた状態
になってしまっている事案もないわけではないが、学校巡回弁護士は早期に
学校も保護者も共通して尊重したい価値観を提示し、子どもを取り巻く関係
者にそれを認識してもらって、対話を促すので、問題解決の方向性が明確に
なりやすい。また、こういった経験を重ねていくことにより、教職員や保護
者が子どもの権利の視点から物事を見ることを身につけていき、将来的には

学校における子どもの権利侵害が減っていく効果も得られると期待される。

2．弁護士として一般的な技術プラスαの知識・経験：児童福祉や不登校支援等

　一般的に弁護士は「問題整理」「利害調整」を日常的に行っているため、事実関係を整理して各領域を横断的、総合的に検討し、背景にある問題を発見したり、深刻化を防いだりするための助言を行う。しかし、自治体の顧問弁護士に相談するには様々なハードルがあり、顧問弁護士に相談できる段階は事態が深刻化していることが多いようである。他方で、学校巡回弁護士は、定期的に学校を訪問するので、「問題」化していない時点での相談や、法律問題か否か不明な場合の質問等を気軽にでき、事案の整理や問題点の抽出を早めにすることが可能となる。例えば、目前の保護者対応が問題であるかのように相談が上がってきても、事実関係の整理を行うと、実は数年前のいじめの芽に対する学校の初期対応が不適切だったことにより保護者が学校に対する不信感を募らせているという場合もあり、そういった場合には学校の初期対応のまずさを率直に認めて改善策を示すことにより、保護者の信頼を回復する段階に入っていくことが可能となることもある。

　また、学校巡回弁護士は、一般的な弁護士では手薄になりがちな児童虐待等の児童福祉の手続に関する知識や、文部科学省通知の知識も有している。例えば、虐待が疑われる子どもについて今後予想される手続き、機関連携の注意点、共有すべき情報のポイントも早期に伝えることができる。また、例えば、文部科学省「不登校児童生徒への支援の在り方について（通知）」を踏まえ、フリースクール等への通所で出席認定をすることは校長裁量で可能であること、前例がないのであればむしろ速やかにガイドライン等の目安を設けるようにすべきであることなどを助言し、学校が子どもの学ぶ権利を侵害しないようにするのみならず、より積極的に保障するための助言もできる。

3．弁護士の助言により、教員の時間的、精神的負担軽減

　上記のような助言をすると、教員や教育委員会担当職員から「そう思っていました。」「そう言っていただいて安心して対応できます。」などの言葉をもらうことがある。また、保護者から一方的に示された期限や条件等について変更を申し入れることも可能であることを助言するだけで安堵されることもある。学校が多忙な日常業務の中で子どもの権利に関する問題を孕む事態に対応するのには、時間がかかるだけでなく、精神的な負担も大きいことは察せられる。独立性のある学校巡回弁護士が客観的に事態を見て問題を整理し、助言をすることで、教職員の負担が軽減し、子どもに向き合う時間や精神的余裕が生まれるのであれば、子どものためにより良い学校となるのであり、まさに学校巡回弁護士の目指すところである。この点、注意が必要なのは、弁護士の助言が子どもの最善の利益を念頭に置かず、子どもの権利の視点が抜けていれば、子どもが安心して過ごすことのできる学校運営にならないので、保護者等との問題は収まらず、学校運営は安定せず教員の負担も軽減しない、ということである。

【4】実践で感じた課題

1．制度的な問題点
①相談ケースの後追いが難しいこと

　学校訪問の頻度と時間の関係で、次回訪問時には新しい相談に応じるため、相談ケースの後日談を確認することが難しい。相談ケースの継続報告が得られれば、学校巡回弁護士の助言によって学校がどのように対応し、問題がどうなったかを確認し、不足があれば追加の助言をし、問題が収まった場合には他の相談にも成功体験として紹介することが可能となる。しかし、相談ケースの後追いができないと、助言によってうまくいったために継続の相談がないのか、助言が功を奏さず学校巡回弁護士の助言は役に立たないと諦められたのかがわからない。後日談を聞くことができれば、学校巡回弁護士が自

らの対応が適切であったかを振り返ることができ、気づきを得、技量を高めることができる。

②教職員の専門性の後退のおそれ

　学校巡回弁護士のメリットとして、弁護士の助言により学校が時間的、精神的負担を軽減できることを挙げたが、それに関係する懸念もある。これは、私が子どもサポート弁護団（旧キャプナ弁護団）のメンバーとして児童相談所担当弁護士を務めていた時の経験から感じることである。児童相談所も学校同様に時間的にも精神的にも余裕のない中で業務を行っている。そのような中で、「弁護士」が助言を行うと、職員は畢竟、助言を頼るようになってしまうリスクがある。児童相談所担当弁護士や学校巡回弁護士は、問題整理、利害調整を業務として行い、子どもの権利に関する知見を持ち、「基本的人権を擁護し、社会正義を実現することを使命とする」者（弁護士法 1 条 1 項）として関係法令の知識を持つが、それ以上ではなく、他方で、児童相談所職員は児童福祉の専門家であり、教職員は学校教育の専門家である。児童相談所職員や教職員が各専門分野において弁護士に後れることなどないのに、なぜか「弁護士」という資格がフラットな関係を失わしめてしまうことがある。それは、受けた質問に対してあたかも解がありそれを示すがごとき回答をしてしまう弁護士の対応や態度に問題があるのかもしれないが、児童相談所職員や教職員の余裕のなさや自信のなさにも起因しているようにも思う。児童相談所や学校が、弁護士に相談したことで安心感を得すぎて、「弁護士が言っていた」ことを根拠づけに用いたくなり、自らの専門性を低めてしまう恐れがあることは、学校側も弁護士側も常に注意をしておく必要がある。

2．弁護士側の課題

①なり手の確保

　弁護士側にも大きな課題がある。一番の課題は、なり手の確保であろう。学校巡回弁護士は「子どもの最善の利益を念頭に置き、教育及び福祉の視点

を取り入れた法的助言」を行いうる弁護士でなければならない。つまり、弁護士が日常行う業務とは異なり、目の前にいて相談を持ち掛けてきた教職員の利益のために助言をするのではなく、子どもの最善の利益のための助言を行わなければならないのだから、子どもの権利についての知識と経験があることは必須である。できれば、学校巡回弁護士になる前に、子どもからの相談を受けて、子どもの最善の利益を考える経験を積んできた弁護士が望ましい。

　しかし、愛知県弁護士会でもそのような弁護士は多くない。子どもの権利委員会には現在160名超が在籍しているが、実際に活動を行っているメンバーは30人ほどではなかろうか。そして、その中から、児童相談所担当、いじめ問題の第三者委員会等の委員、子どもの権利擁護機関の委員、学校巡回弁護士・SLを輩出する。そして、いずれの立場も、子どもから相談を受けるとなると利益相反や中立性などの問題が生じる恐れがあり、相談を受けられない場面が生じてしまう。そうなると、もともと子どもの権利を守るための活動を行っている子どもの権利委員会の中で、子どもの相談に応じることができる弁護士が減ってしまう事態が生じる。子どもの権利を保障するためには、しっかりと子どもたちの相談にのる体制を確保・維持することが必要である。私たちが子どもの相談にのる弁護士を減らすことなく、学校巡回弁護士・SLのなり手を確保するためには、子どもの権利についての知識と経験のある弁護士を増やす、養成するしかない。そして、そのためには、子どもの権利を擁護する活動を行う弁護士に、適正な報酬を支払うことも必須の要素であろう。以前から、なぜか、子どもに関する活動はプロボノ活動（弁護士として有する専門的知識や経験を使って無償で行う社会貢献的活動のこと）として行うものとする社会的風潮があり、行政が弁護士に業務を依頼するに際しても、活動に見合った報酬が支払われないことがある。しかし、SLをはじめとする子どもの権利を擁護する弁護士の活動は、相応の時間、労力、専門性を要し、余暇時間や余力で行いうるものではない。社会全体で子どもを支え

ることはもちろん必要であるからこそ、社会において子どもの権利擁護の必要性が認識され、適正な支払いが確保されることが必要ではないかと考えている。

② SLの研鑽の場がないこと

SLになった後の問題もある。様々な自治体でSL制度が導入され始めたが、SL同士の交流の場がない。制度開始後間もないため、経験交流を行うことで質を高めていく必要があると感じる。保護者や子どもとの面談の可否などSLがなしうる対応は、根拠となる条例や協定等によって異なるため、他の自治体と同じ対応が必ずしもできるわけではないが、質を高めるために経験交流は重要である。また、SL制度を設けた自治体間でも経験交流を行えば、より有効なSLの活用方法などが見いだせる可能性もある。したがって、今後はSLに関する経験を交流する場を確保していくことが必要であると考える。

（粕田陽子）

注
（1）長久手市「学校巡回弁護士事業実施要綱」は次のように定められている。
　　第2条　学校巡回弁護士事業とは、学校において発生し、または発生することが予想される、学校だけでは解決が困難な児童生徒の人権に関わる問題（以下「法的課題」という。）について、弁護士が学校を訪問して相談を受け、子どもの最善の利益を念頭に置き、教育及び福祉の視点を取り入れた法的指導助言を行い、学校運営の安定等を通じて子どもの人権を保障し、もって学校における子どもの成長と発達を支えることを目的とする事業をいう。
　　第3条第2項　学校巡回弁護士は、愛知県弁護士会から推薦された子どもの権利に関する専門的知見を有する弁護士に委嘱する。

Ⅲ　愛知県のスクールロイヤー制度

【1】愛知県のスクールロイヤー制度の概要について

「いじめ、不登校、虐待、保護者とのトラブル等学校現場での様々な問題に対して、法務に関する専門的知見を取り入れ、深刻化する前に、相談・支援により教員の負担軽減を図りつつ、児童生徒の最善の利益を保護すること」（愛知県教育委員会スクールロイヤー設置要綱）、これが愛知県のSL制度の設置目的である。

学校のニーズも様々であり、また、それを担う弁護士もそれぞれの立場があるので、SL制度をどのようなものとして設定するかは色々議論がある。上記設置要綱記載の設置目的についても、その過程で様々議論が交わされたと聞いている（私はその過程には参加していない）が、愛知県のSL制度は日弁連の意見書にあるものと近いものといえる。

すなわち、SLはそれぞれの事案につき、それに関わる児童生徒の最善の利益を保護することを目的に関わるが、事態が深刻化する前にSLが関わることにより、いじめ、不登校、虐待、保護者とのトラブル等を最小限に抑えることができ、その結果、そのトラブルにかける教員の負担も軽減できるとイメージしているのである。

「児童生徒の最善の利益」を目的とすることにつき、制度開始までの議論の中には、「SLの中立性に反するのではないか」との意見もあった。この意見は、「児童生徒及び親」と「学校及び教師」とを対立軸に置く考えで、児童生徒の最善の利益を目的とすることは、結局「児童生徒及び親」の利益に偏ることになるので不公平だというのである。おそらく、SL制度をモンスターペアレンツ対策としてしか捉えない立場であろうと思われる。しかし、学校及び教員の立場であっても子どもの最善の利益を目指していくことは当

然のことであり、児童生徒の最善の利益をはかることが学校及び教員の立場と対立するものでないことは明らかである。結局、そのような議論を経て、愛知県のSLは、「児童生徒の最善の利益」を保護することを目的とし、その反射的効果として、教員の負担軽減を図られるという形になったのである。

【2】 愛知県のスクールロイヤー制度の特徴

　愛知県のSL制度は、令和2年度から開始された。愛知県内の各教育事務所（尾張、海部、知多、西三河、東三河）に2名乃至5名の弁護士が配置されている。ちなみに、私の担当の東三河教育事務所でいうと、名古屋に事務所のある弁護士が3名、東三河に事務所がある弁護士が2名の合計5名が参加している。これは、東三河という土地柄、地元の弁護士だと利益相反するケースが起こる可能性があると想定され、名古屋の弁護士が入ることにより利益相反ケースを回避しようとしたこと、名古屋から東三河は相当距離があることに対応するために名古屋の弁護士の数を増やしたという経緯がある。

　SLを担当する弁護士は、愛知県弁護士会の中の各委員会（子どもの権利委員会、弁護士業務改革委員会、法教育委員会、民事介入暴力対策委員会）等から選任されている。SL事業を実施するに当たっては、子どもの権利委員会が中心となり、SL担当弁護士に対して研修が行われている。

　事業の内容としては、①学校からの法務相談（学校からの相談に対して電話もしくは面接で対応する）、②法務に関わる教職員研修（学校の管理職及び市町村教育委員会の担当者を対象とした法務に関わる研修会を実施する）、③教育事務所巡回相談（SLが教育事務所に滞在して管内の学校及び市町村教育委員会からの相談に対応する）が挙げられている。

　学校及び市町村教育委員会が、SLとの相談を申し込む際の心得として、①SLは学校の顧問弁護士ではない。学校の代理人となって保護者と対峙するなど対外的な活動を行うものではないことを理解する、②あくまで学校と保護者に対して中立的な立場で、児童生徒の最善の利益を保護する目的で、

学校が行うべき法律上の適切な対応について指導・助言を行うものであることを理解する、③SLへの相談対象事案は、いじめをはじめとした生徒指導上の諸課題全般とする、④生徒指導上の諸課題に円滑に対応していくために問題発生の初期段階での派遣要請を心掛けるなどが挙げられている。

【3】 愛知県のスクールロイヤー制度の実績

　令和2年度の法務相談としては、「いじめ」（24件・44時間）、「子ども同士のトラブル」（8件・10時間）、「虐待」（5件・8時間）、「学校事故」（3件・5時間）、「不登校」（3件・8時間）、「不適切指導」（4件・12時間）、「保護者要求」（12件・16時間）、「過度な要求、損害賠償」（5件・12時間）、「その他」（14件・21時間）、合計78件・136時間という実績であった。「その他」には、修学旅行、著作権、校則、PTAに関わる事案等があった。「保護者要求」及び「過度な要求、損害賠償」など対保護者対応については合計17件・28時間と、「いじめ」の次に多かったが、事前に予想した件数よりは少なかった。

　私が担当する東三河教育事務所管内でいえば、法務相談が合計で27件・44時間であった。「いじめ」（13件・17時間）、「不登校」（3件・5時間）、「保護者要求」（2件・3時間）、「過度な要求、損害賠償」（2件・3時間）「子ども同士のトラブル」（1件・1時間）、「虐待」（1件・1時間）などである。その他に含まれるものとして、「地域住民の学校への嫌がらせ行為」「生徒の就労」「携帯電話」「給食費未払」などがあった。

　令和2年度の実績からすると、東三河教育事務所は予想に反し尾張教育事務所の次に相談が多かった。これは、悩んでいる学校・教員が沢山いた証左ともいえるが、SL制度の告知など教育事務所職員が奔走した努力に負うところも大きいと思われる。

　ほとんどのケースは、教育事務所から連絡が入ると、担当予定弁護士に利害関係の有無を確認し、問題なければ、学校や教育委員会から担当弁護士に連絡を入れてもらい、電話での相談、或いは面談による相談などを行ってい

る。1回で終わるケースもあれば、何度か繰り返し同じケースについて相談に乗ることもある。新型コロナウィルスの影響下ということもあるが、ウェブを使ったケースメソッドタイプの研修や地域を巻き込んだケース会議にSLとして参加するなど、イレギュラーな形で関わったこともあった。

【4】 スクールロイヤー制度の期待と課題

1．SL制度のメリット

　私はこれまで多少なりとも子どもの事件（少年事件・虐待事件・学校問題など）に携わってきた。学校問題でいえば、それが、「いじめ」事件であれば、いじめた側、いじめられた側の代理人として、また、体罰や退学が問題になるケースでも、子ども側の代理人として、それぞれ学校と交渉してきた。これらの活動は、単に学校や教師などの責任追及に終始するのではなく、その子どもが安心・安全な学校生活を送れるようになるためにはどうすればいいかを念頭に置きながら行ってきたつもりである。そういう意味では、「児童生徒の最善の利益」を目指すSLの活動と重なる部分が多い（もちろん、代理人として動く場合、その背後にある保護者の意向を無視することはできないし、また、損賠賠償請求等を行うということになると通常の弁護士の感覚を持たざるを得ないなど限界はあるが）。

　しかし、実際には、子どもや保護者の代理人として学校と関わると、学校側は当然のように身構え防御的になりがちになる。代理人としては子どもの最善の利益を念頭に置きながら話をしていても、なかなか学校側に受け入れてもらえないことも多々あった。そうなると、どうしても子どもや保護者側も学校側に対し強い姿勢で要望せざるを得なくなり、子どもが安心・安全な生活を送れるようにするという目的から大きくずれていくことが往々にしてあることを感じていた。

　ところが、SLを実際担当してみて、SLが学校・教員にとって敵ではなく中立的意見、調整的な意見を法律に則ってアドバイスする立場ということで、

学校・教員の垣根もぐっと低くなることを実感している（中には、逆にどれだけ説明しても顧問弁護士と勘違いしている場合もあるが）。学校の内部から子どもの最善の利益の考えを徹底し、それを中心に考えていく必要性を伝えていくことの有意性を感じるのである。

学校側もそれを感じてくれているのか、令和2年度のSLの活動に対して、「学校では、法的な根拠に基づいた適切な対応ができた」「学校がすべきことが整理され、安心して冷静に対応することができた」「学校として留意していかなければならない部分がはっきりとした」「電話だけではなく、実際に会って相談できたことで安心感が増した」などと比較的好意的な感想をもらっている。私たちが思っている以上に、学校或いは教員は法律を知らないし、自分たちのやっていることが法律的には正しいのかについて不安を覚えていると感じる。子どものためを思って動いている学校や教員が、SLのアドバイスにより、自分たちが行ってきたことが法律的に間違っていなかったと確認できるだけでも全然違うのではないか。また、法律的なアドバイスのみならず、「謝るべきものは謝った方がいい（道義的な謝罪と法律的な謝罪とは異なる）」「余計なお節介が余計に問題を拗らせる」「丁寧、且つ、明確に学校の考えを伝える（できないことはできないと伝える）」「一人で抱え込まない」など、対人関係でのスキルについても具体的な問題でアドバイスをすると、結構得心してもらえたりする。真面目な人が多い教員がトラブルにぶつかり視野が狭くなり身動きが取れなくなってくる、その様子が子どもや親からすると、頑なな態度のように取られてしまい、事態が深刻化することも多いことも実感する。

2．SLの中立性の維持

既に述べてきたとおり、愛知のSLは、学校や教員からも児童生徒の保護者からも中立であることが求められ、ただ児童生徒の最善の利益の保護という目的（価値）のために、学校や教員にアドバイス等を行う役割を期待され

ている。

　しかし、実際には何度も相談を受けていたりすると、中には学校や教員が
SL に極端に依存してくることもある（こちら側からの「とりあえず相談して欲
しい」という言葉とは裏腹ではあるが）。また、弁護士も人間、相談者の熱心さ
に同情したり気持ちが入り込んでしまいそうになったりすることもある。中
立というのは言葉で言うのは容易いが結構難しい。

　愛知県弁護士会では有志の弁護士で「子どもサポート弁護団」を立ち上げ
活動している（平成9年〜）。子どもサポート弁護団は、虐待ケースなどで法
的介入が必要な個々のケースに、数人の弁護団を組んで虐待防止のために活
動している権利能力なき社団である。平成16年度からは、愛知県と業務委託
契約を交わし、児童相談所からの相談に応じたり、法的手続きが必要な場合
に児童相談所の代理人として活動したりしている。昨今、児童相談所におい
て常勤弁護士が採用される自治体も増えてきているが、子どもサポート弁護
団では常勤ではなく、あくまでも業務委託契約という形を取っている。常勤
弁護士はまさに弁護士が児童相談所の職員として現場で関わるのであり、児
童相談所の内部を熟知できるし、細かい相談等にも対応できるメリットがあ
る。児童相談所は子どもの権利を保障するために稼働するのであり、基本的
には児童相談所と子どもとのベクトルは同じ方向を向いているはずである。
しかし、まれに同じベクトルとまではいえない場合や利害が対立することも
ある。このようなとき、児童相談所の職員である常勤弁護士が子どもの最善
の利益に反するとして児童相談所の方針に異を唱えるのはなかなか難しい。
児童相談所の利害ではなく純粋に子どもの権利保障や子どもの最善の利益を
守るため、外部の人間だからこそ言えることがあると考え、子どもサポート
弁護団はあえて業務委託契約にこだわっているのである。児童相談所との
「密接な連携と適度な距離感」を大切にしたいと考えている。

　SL にも、同じことが言えるのではないか。子どもサポート弁護団が児童
相談所の代理人になったり、相対する親御さんや子どもと直接会ったりして

いることとの違いはあるが、SLにも、学校や教員の悩みに真摯に向き合いつつも、あくまでも「子どもの最善の利益」の実現のために法的なアドバイスを行うために、学校との「密接な連携と適度な距離感」が必要だと思うのである。

「密接な連携と適度な距離感」を維持するために、制度的には、繰り返しSL内での研修を行い中立性の確認を行って、定期的にSLが担当部署を変えていくなどしていくことが望ましい（ただし、地域が広範にわたること、SLの人的資源が十分とは言えないことなども相まって、そう簡単ではないことは承知しているが）。

3. 巡回相談の限界（可児市のいじめ防止専門委員の経験）

愛知県のSLの場合、巡回相談は、事前に各教育事務所が相談を募集して割り振りをして、2名の弁護士により教育事務所にて相談することになっている。SLの現在の人数からすれば全ての学校を回るというのは現実的ではないが、「巡回相談」という言葉からは程遠いように感じている。

私は、平成24年から同28年の間、岐阜県可児市のいじめ防止専門委員会の委員を担当したことがあった。これは、可児市子どものいじめの防止に関する条例に基づき設置された第三者機関であり、学校だけでは解決が困難ないじめ問題に対して専門家が客観的な立場から調査や支援を行うものである。学校や教員は、「子どもの権利」と名がつくと若干警戒する傾向があると感じている（豊田市の子どもの権利擁護委員も担当したことがあるが、私が担当した頃は、学校からの相談はまれであった）が、いじめ防止専門委員会は「いじめ」に特化した第三者機関ということもあり、学校のハードルは低く、学校からの相談がむしろ多かった。いじめ防止専門委員会の活動として、市内の小中学校を巡回して、具体的ないじめの相談に乗ったり、特に問題になっているいじめケースがなくても学校の様子やいじめに対する活動などを聴かせてもらったりした。実際担当してみて、こちらが待っていては出てこないであろ

うケースや学校なりの悩みを聴くことができて非常に有用であった。それほど規模が大きくなく学校数も限られている可児市だからこそできる活動であるといえ、これを愛知県という規模で実現することは困難であろう。しかし、現在の教育委員会を通しての相談という入り方だけではなく、学校現場の悩みを直に感じられるような方法が模索できれば、もっとSLの意義は広がると思われる（そのためには、予算措置とSL人員増加を含む裾野の拡大が不可欠であるが）。

【5】　さいごに

これまでSL制度の有用性を述べては来たが、自分がSLになることについては実は消極的であった。常に子ども側にいたいという気持ちが強かったということもある。学校等と利害関係を持つことにより子どもの権利保障活動がやりにくくなるのではないかと考えた部分もあった。

しかし、ただでさえ忙しい弁護士業務の中で、名古屋から距離のある東三河教育事務所の担当をすることはハードルが高く、名古屋の弁護士で手を挙げる者がいなかったこともあり、立場上やらざるを得なかったところは多分にある（私が担当することで無理矢理若手弁護士を巻き込んだ）。

実際にSLを担当してみて、これまで虐待ケースで児童相談所と「密接な連携と適度な距離感」を保ちながら関わってきたのと同じような感覚で中立的な立場（子どもの最善の利益を保障しようとする立場）で相談に乗ったり関わったりできること、また、前述したように子どもや親の代理人として学校と関わるよりも学校・教員のハードルが低くなることを実感したことなど、SLを担当して学ぶことは多かった。また、個々の教員は真面目な方が多く、児童生徒のために真剣に考えられていること（あまりに真剣に考えるために視野が狭くなったりすることもある）なども知ることができた。

始まったばかりのSL制度であるが、相談にのるSL側のさらなる充実を図るとともに、立場は違えど、同じく子どもの最善の利益を守るために活動

するものとして学校や教員に SL への認知・理解が広がり、SL 制度をもっと利用してもらえるようになることを切に希望する。

（高橋直紹）

Ⅳ　スクールロイヤーの活動の具体例

　スクールロイヤー（以下、SL）の活動について、具体的なイメージを持ちやすいよう、事例で説明をしたい。なお、いずれも実例ではない。

> 【事例1】いじめ事案における保護者対応を発端に関与したケース（SL が存在しなかった第8章97頁の事例2において、SL が関わったとしたらどのように活動したか想定したもの）

　小学校2年から3年生にかけてAが同クラスのBからいじめを受けており、学校としてもBに指導をしてきたもののなかなかいじめが収まらず、Aの保護者から学校に、学校側の対応に問題があり責任を問う裁判をすると話があった、との相談である。

　このような場合、学校は裁判で責任を負わされてしまうのかを知りたい、裁判を回避するにはどうしたらよいか、という発想になりがちである。一般的な法律相談であれば、これまでの学校の対応を振り返り、学校の対応に違法性が認められるか否かを回答することになろう。

　しかし、SL が学校とともに考えるべきは、子どもにとって一番良いことは何か、つまり子どもの最善の利益がどうすれば実現できるのかである。Aの最善の利益、Bの最善の利益、学校に通う他の子どもたちの最善の利益であり、これは個別に独立したものではなく相互に関連している（たとえばAの利益だけを考えれば反射的にBをはじめとする他の子どもの利益が考慮されない場面が生じ、その結果、Aと他の子どもたちの関係にひずみが生じ、Aにとっても利益とならないことが生じうる。他の子どもとの関係性も最善の利益を考える際に考慮しなければならない）。

　そこで、SL は、学校がBからAへのいじめを認識した時期、内容、きっかけ、学校が行ってきた指導の時期及び内容の確認、Aの保護者から訴えが

ある以前からの AB の関係についての学校の認識、AB 以外の児童と AB の
それぞれの関係等を学校に尋ね、加えて以下のような問いかけを繰り返しな
がら相談を重ね、教員とともに子どもの権利の視点から解決方法を考えてい
った。

①「Aの保護者はなぜ裁判まですると言っているんですかね。」

　学校は保護者対応に困ったとき、保護者を「モンスターペアレント」など
と呼び、敵対関係にあるように感じてしまう。しかし「裁判をする」ことが
子どもにとって及ぼす影響を考えたとき、裁判になったら受けて立つという
対応は子どもの最善の利益に適うものではないことが多い。保護者と学校が
協働関係に立つことができれば、子どもの成長発達の保障はより充実する。

　SL の質問をきっかけに、学校は保護者の拳の源に「大切な我が子Aが安
心して学校に行けないことに対する憤りや不満」があることに思いをいたし、
これまでの対応によって学校への不信感や不安を生じさせていなかったかを
振り返らなければならないことを認識し、また、問題解決の基本的な視点は
「学校も保護者も子どもを真ん中にその権利を擁護すること」であることを
確認した。

②「Aはどうしたいと言っていますか？」

　このとき、仮に保護者がAを登校させないと言ったとしても、Aは登校し
たいと考えている場合もあるし、その逆もありうる。大切なのは、Aはこれ
からどうしたいと思っているのかということであるから、学校が保護者対応
にばかり心を奪われていないか、大切な子どもの権利、子どもの意見を尊重
できるように、SL は問いかけをした。

　学校としては、拳を振り上げた保護者の下にいるAのさまざまな権利（意
見表明権、教育を受ける権利、安全に安心して生活を送る権利等々）の保障を考え、
どの子どもも安心できる環境を用意するとともに、Aに登校したい気持ちが
あるのならばそのための環境調整、当面学校を休みたいと考えているのであ
れば休んでいる間の学びの保障をしなければならないとの方針で、Aの気持

ちを確認できるよう努め、また、Aの個人的な事情（家庭環境、個別支援の必要性等）の把握をした。

③「Bはいじめについてどんなことを話していましたか。」「Bは安心して生活ができていますか。」

　いじめはいじめを行ってしまう子どもが発するSOSであることも多い。また、行ってきた指導が功を奏さない場合、指導の内容が適切でないこともある。

　そこで、SLは、学校がBの言い分や思いをきちんと聞けているか、一方的な指導になっていないかに加え、いじめ以外のBの生活状況についても質問し、Bの個人的な事情（家庭環境、個別支援の必要性等）を踏まえて学校が指導・支援内容を検討できるように促した。

　これらについてスクールカウンセラー（SC）やスクールソーシャルワーカー（SSWr）を含む教職員と相談を重ね、把握できた事情を検討すると、Bは父親から暴力を受けていることがわかり、SLは児童虐待の疑いがあることを指摘し、通告義務をはじめとする学校及び教職員の義務を説明、通告したからといってBがすぐに保護されてしまうわけではないこと、通告元は秘匿されること、通告の際に必要な情報等を助言した。また「Bの現状を踏まえ、どのような支援が必要だと思いますか。」「AとBを取り巻く子どもたちはこの二人の関係やいじめの出来事をどうとらえていますか。」と問いかけ、教職員とともにB自身が暴力によらない問題解決を学べるような支援が必要であること、学級の子どもたちも共にいじめについて考えていける活動を継続的に行うことの方向性が打ち出された。

④「学校の方針は決まりましたが、AとAの保護者が安心するためにはどうしたらよいですかね。」

　学校と保護者との信頼関係は、情報共有やコミュニケーションが不足したことで揺らいでいくことが多い。今回は信頼関係が失われたところからの再構築であることから、学校にもコミュニケーションの大切さを考えてもらう

必要があった。学校はBの個人情報に配慮しつつも、率直にこれまでの学校の指導で不十分なところがあったこと、それを今後どのように改善するかを、Aの安心を確保する方法（Aの相談体制、保健室利用、SC利用等）とともに示すことにした。

　学校から福祉事務所に児童虐待通告がされ、要保護児童対策地域協議会の報告事案となり、地域でのBの見守りも行われるようになった。学校内では、Bへの対応は教職員からできるだけさりげなく声をかけるなど、Bが加害行為をしないかと監視する態度ではなく親しく接することが教職員の間で共有され、地域でも児童委員が公園で一人で遊ぶBに声をかけて交流するようになった。

　その後、AとBそれぞれに気持ちを聞きながら、時間をかけて支援をつづけていった結果、Bも落ち着き、AとBが笑顔で会話する姿もみられるようになったとの報告があった。

　Aの保護者と面接し、以上の経過を伝えると、保護者もすでに知っていて、振り上げた拳をおろすようなかたちで終了した。

【事例2】 教員の不適切な声掛けにより生徒がパニックになり教員を負傷させてしまったケース（SLが存在しなかった第8章98頁の事例3において、SLが関わったとしたらどのように活動したか想定したもの）

　このケースにおいて、もしSLがいたなら、比較的早い時期に、学校から、起こった事実を踏まえて生徒や保護者にどのような対応をしたらよいか及び警察への被害届を出すべきかどうかという相談がなされる。

　SLは、まず、起こった客観的事実について学校がどの程度把握できているかを確認する。そして、学校において当時の状況の把握が不十分な場合には、いつ、どこで、誰が何をしていて、どのようなやり取りがあったか、その場に誰がいたかなどの聴き取りを教職員に行うよう助言する。このとき、対応した教員がどのように思ったか、ではなく、客観的事実を把握すること

が重要であると教示する。この事案の場合、最初の時点で「お母さんに心配かけないで」という教員の声掛けが「不適切」であったと学校現場で認識することは難しいと思われるが、実際にはそれがトリガーであった。「多くの場合において差支えのない対応であるから今回も問題がないはず」というような一つの想定に縛られず、客観的事実を俯瞰し、いくつかの可能性を常に想定して対応するために客観的事実を把握するのである。

　客観的事実の把握ができたら、当該生徒本人からどうしてパニックになったかということについて話を聴くことを助言する。このとき、SLは、生徒の状態等をわかる範囲で聞き取り、スクールカウンセラーや医療機関などとの連携を検討してもらう。母親から話を聴くことも大切であるが、この事案のように母子関係にストレスがある場合もあるため、母親と生徒とは別々に話が聴けるよう配慮するという視点も学校へ伝える。

　この点に配慮をしたヒアリングを行っていれば、この時点で「お母さんに心配をかけないで」という言葉かけが、当該生徒の不安を高める行為であったことや当該生徒の悩みが母親の病的過干渉にあったことを学校において知ることができた。つまり、パニックの原因が教員の言葉であり、配慮が足りない声掛け（当該生徒からすれば攻撃にも似ている）に対し、パニック状態で自己を防衛しようとしたために、傷害結果が起きてしまったものであり、少年事件として矯正教育を必要とすべき傷害行為とは性質を異にすることを把握できた。

　傷害結果が軽微で被害を受けた教員と生徒との間の関係修復が可能なケースにおいてSLは、傷害事件であるから警察に被害届を提出しなければならないなどという助言をしない。学校も、この原因が分かっていれば、当該生徒に配慮し、その最善の利益のための方策を検討したはずであり、すぐに警察に通報したり、あえて当該生徒にとって多大な精神的苦痛を与える停学処分（家庭学習の指示）をしたりすることはなかったと思われる。仮に、傷害結果が軽微ではない場合で被害届を出さざるを得ないケースであれば、SLは、

142

弁護人、附添人になる弁護士を選任できるという助言や学校として生徒を支援するための審判出席などの取り得る方策を助言する。

そして、生徒のための方策を考える過程において母親とも十分な情報共有ができれば、母親が学校への強い不信感や不公平感を抱くことは避けられたであろう。

初期段階から手続きの進め方等をSLに相談していれば、学校が、漫然と生徒の最善の利益を害する判断をし、保護者の信頼を失うことを避けられた一例である。

> 【事例3】SLが子どもの権利の視点から助言を行い、単に学校の中だけではなく、地域の問題として広がりを見せたケース

コロナ対応として休校の期間ができたことをきっかけに、生活リズムが崩れ不登校となった発達に凸凹のある中学3年生の生徒についての相談である。生徒はゲームなどに依存している傾向が見られ、きょうだいに対して暴力的なところがあるが、本人のみならず保護者の危機感が乏しいということで、学校としては、①生活リズムをどのように整えていけばいいか、②きょうだいに対する暴力についてどのように指導すればいいか、③進路をどのように決めさせていったらいいかなどをSLに相談したいということであった。

SLが状況を確認していく中で、学校としてのこれまでの対応は特に問題はなかった。これまでも、学校が中心となって、児童相談所や社会福祉士や生徒が受診している通院先の心理士などとも連携しケース会議も行っており、むしろ手厚く対応しているという印象を受けた。

SLとしては、子どもの最善の利益を考え、今後の進学で不安になる時期なので、生徒のニーズを聴きながら、学校のみならず社会資源を利用して情報の共有と役割分担をしっかり行いながら全体として生徒を支援していくことの必要性を話した。また、SLの業務は学校へのアドバイスを行うことではあるものの、「学校にいる子ども」と「地域にいる子ども」は切り離して

考えることはできないことから、地域において子どもの最善の利益を考える
にあたり、必要があればケース会議の場に SL も参加させてもらいたいと話
した。

　その後、学校から生徒についてのケース会議の参加の要請があり、SL が
ケース会議に参加した。このケース会議は学校の校内ケース検討会というこ
とで、学校が主催となり、守秘義務を有する支援者が集まるという形であっ
た。ケース会議には、学校関係者をはじめ、教育事務所家庭教育コーディネ
ーター、基幹相談支援センター相談員、福祉協議会相談支援専門員、保健セ
ンター、役所、警察官、教育委員会など地域の様々な支援者たちが揃い、情
報を共有した。SL は、子どもの最善の利益の実現は何かという観点から、
生徒を支援する地域の機関、人々と一緒に考える作業をした。この会議にお
いて、生徒の家族全体の支援を考えるとともに、家族それぞれの支援をおこ
なっていく必要があるという観点から、生徒を含む家族のことを心配する祖
父母に積極的に協力してもらい、例えば、上手く SOS が出せない保護者の
支援のために祖父母から話しかけを行ってもらう、生徒のきょうだいが生徒
から暴力を振るわれそうなとき（例えば長期休みなど）に、きょうだいの面倒
を祖父母に見てもらうなどの協力をしてもらうことが、現状を打破する一歩
になるということで一致した。祖父母は、保護者が上手く SOS を出せなか
ったこともあり、余り状況を把握していない様子だったので、祖父母にも情
報を提供・共有し、協力を要請していこうということになった。そこで、祖
父母への協力要請を誰が担当するのか、祖父母への情報共有について保護者
にどのように説明し納得してもらうかなどの確認が行われた。

　数ヶ月して、再度、SL が参加して会議が開かれることとなった。この会
議は市町村が主催し、要保護児童対策地域協議会の実務者会議として開催さ
れた。会議には、学校（SL を含む。）以外に、保健センター、役所、教育委
員会、民生委員、社会福祉協議会、警察官、そして、児童相談所などが参加
した。事前に学校から、進学の関係は担任の先生などの尽力によりある程度

144

目処が立ち、生徒のきょうだいに対する暴力への対応が議論の中心となるであろうとの事前情報があった。SL は、生徒のきょうだいに対する暴力によりそのきょうだいは要保護児童であるといえること、暴力に対する危機感の乏しい母親のネグレクトケースともいえることから、このケース会議には児童相談所に参加を要請するよう事前にアドバイスをし、児童相談所にもケース会議に参加してもらった。きょうだいへの暴力をなくすための体制作り（物理的距離をとるための祖父母の協力など）、きょうだいの心理的ケアをどうするのか、危機感の乏しい保護者へのアプローチなどについて、SL は子どもの最善の利益の観点から意見を述べ、関係機関で協議をした。

　本来の SL の活動からは多少イレギュラーのものではあるが、学校を含め地域の子どもの支援機関に対し、子どもの最善の利益を目指して法的なアドバイスも含め関わることもある一例である。弁護士は、法的なアドバイスを行うだけでなく、様々な立場の意見をコーディネートすることも仕事柄慣れているので、SL として関わることで、子どもの最善の利益という観点を中心に据えて具体的な議論を行うことができた。

（粕田陽子・竹内千賀子・高橋直紹）

第10章　学校をめぐる紛争解決

I　スクールロイヤーは、親や子どもと会うべきか
　　―アンケート結果も踏まえ

　「スクールロイヤーは、保護者や子どもと直接会って話をしてくれるんですよね」「スクールロイヤーは子どもの相談にのってくれるんですよね」「スクールロイヤーは、学校と保護者との間に入って、話をまとめてくれるんですよね」。教育関係者、保護者などと話をする中で、スクールロイヤー（以下、SL）について、このような質問を受けることは少なくない。このようなイメージを SL に抱いている方が多いということかもしれない。しかしながら、第9章の実践にある通り、現実の SL の多くは、そのような業務を行なっていないと思われる。

　そこで、本章では、親や子どもと直接会って話をしたり、その延長としての調整活動を行うことが、SL の業務として望ましいか、言葉を換えるならば、子どもの最善の利益に資する制度となるかという観点から考えてみたい。

【1】保護者とスクールロイヤーが直接会うことが望ましい場合

　松原・間宮・伊藤が行ったアンケート（第3章44-46頁参照）で、これに関わる質問がある。学校への質問で、SL による調停や仲裁を望むか（**質問4**）という問いだ。これに対し、85.7％の学校が肯定的回答をし、うち42.9％が「とても思う」と答えている。また、SL に望むことについて（**質問5**）でも、「保護者と学校の間に立って調停や仲裁的なことをして欲しい」と考える学校の割合は比較的高い数字となっている（42.9％）。すなわち、学校現場は、SL が紛争予防の役割からさらに踏み込み、紛争化した段階においても調停

等を含め積極的に関与し、問題を解決してくれることを強く望んでいることがわかる。

　この点、文科省はどのように考えているのか。文科省の『手引き』では、SLが保護者との面談に同席する場合として、「保護者等が限度を超えた要求を繰り返したり、学校・教委に対して危害を加えることを告知したりするような場合や、保護者側の代理人として弁護士が就き、法的論争を必要とする場合」があげられている。前者は、いわゆる不当要求や過剰要求が行われる場合、後者は、保護者側に弁護士がついた場合であり、これらの場合、SLは、中立かつ独立の立場で対応するのではなく、弁護士が学校や教育委員会の側に立った代理人として行動することを意味していると思われる。しかしながら、弁護士が学校や教育委員会の側のみにたった代理人となれば、第2章などで述べたとおり、子どもの最善の利益の保障はできないであろう。

　また、文科省『手引き』では、保護者会や面談等に同席し、専門家の立場から保護者や関係者に対して個人情報や親権にかかわる法的な知見を提供したり、ケース会議等に出席する場合をあげている。前者は、正確な法的知識を伝えることで紛争予防となる場合である。確かに、法律の専門家ではない教員がSLから聞いた法的知識を伝えるより、直接法律の専門家であるSLが伝えた方が、紛争予防になる場合もあると思われる。ただし、学校と保護者の緊張感が高まっている状況では、SLが学校側の弁護士であるとの誤解を招く恐れがあるので、SLが第三者の専門家として伝えていると理解されうる状況か否かの選別は必要である。その結果、SLが直接伝えることが適切でないと判断される場合は、各弁護士会が行っている子どもの人権相談（地域によって名称は異なる、資料編4参照）を紹介するなどの対応をとり、正確な知識を理解してもらった上で、対話を続けることになるであろう。後者のケース会議への出席は、第5章や第9章で述べられたとおり、紛争解決のためのSLの重要な業務であり、積極的に参加し、法律・福祉の知識と経験に照らして意見を述べることが求められる。

　一方、文科省『手引き』では、留意点として、SL と代理業務をする弁護士を分けることで、SL の中立性を徹底することに繋がるとも指摘する。第2章でも指摘したが、SL と保護者などが会うことを検討する場合、保護者の立場からみて SL の中立性を損なわないかというのが、ひとつのメルクマールとなるであろう。

　実際、SL へのアンケート結果では、紛争や問題が生じた際、子ども自身と話したか（**質問2**）について、「話した」と答えた SL の回答は無く、保護者と話したか（**質問3**）は「話さなかった」が86.4％であり、ほとんどの SL が保護者と会っていない。話した理由は「保護者にも代理人が付いていた」、「保護者に全体像の説明と専門家への相談の示唆の必要があった」であり、『手引き』が想定するような場合に限定されていることがわかる。

【2】 スクールロイヤーと調停機能―子どもは誰と信頼関係をつくるべきか

　では、一歩進んで、学校と子ども・保護者双方の意見を聴いて、解決に導く、いわゆる「調停」の機能を SL が行うことは、子どもの最善の利益の観点から望ましいといえるのか。

　SL へのアンケートで調停や仲裁をしたいかと問うと（**質問4**）、肯定的回答は54.5％、否定的回答は45.5％であった。この回答を見ると、調停を行いたいという希望があるように思えるが、SL の仕事として適しているもの（**質問13**）で「紛争解決のプロセス自体に関与（当事者と会う）」を選んだ SL は31.8％であり、弁護士としては仲裁をしたいが SL の仕事としては望ましくないという慎重な姿勢がうかがえるのが興味深い。

　SL が当事者に会うことが望ましいか否かは子どもの最善の利益の観点から検討されなければならない。第1章のとおり、子どもの最善の利益は、大人が一方的に設定するものではなく、子どもの意見を聴くことが前提である。とするならば、SL が（保護者ではなく）子どもと直接会って意見を聴いた方

がよいとも考えられるし、それが紛争解決の糸口となる場合もあるかもしれない。

　しかし、そもそも、信頼関係のない初対面の大人であるSLに対し、子どもが本当の気持ちを話すことができるであろうか。また、子どもは保護者（または教師）の影響を強く受け、本心を話すことが難しい場合や、自分でも本心がわからない場合もあるし、時間の経過の中で気持ちが変容することもあるだろう。本章2節で述べる子どもの権利擁護委員制度では、本当の子どもの思いを聴くため、何度も繰り返して面談し、ときには遊びや雑談を交えながら、信頼関係を作る作業を丁寧に行っている。場合によっては、言葉ではなく、態度から子どもの気持ちを推し量る場合もある。この点、少年事件を扱う弁護士は、子どもとの信頼関係を作れると安易に考えがちであるが、少年事件という枠組みがある中で、かつ、唯一の味方である大人として現れる立場と、保護者や担任といった結びつきの強い大人がいる中での弁護士の立場は全く異なるものであり、信頼関係構築は簡単なことではないことを理解すべきである。特に、学校と保護者が対立している場合は、子どもの内面は非常に複雑であり、特に小学生は簡単に本心を話すことは困難である。

　また、仮に子どもとSLの信頼関係ができ、話が聴けたとしても、権利侵害状態や紛争が解決すれば、SLは、子どもと関係性を維持することはできない。何らかの権利侵害または紛争に巻き込まれた子どもは、その紛争が終了しても、心は回復途上であったり、傷つきやすい状態である場合が多い。したがって、子どもの紛争解決後の日常生活を考えた場合、生活の場である学校内で子どもの話を傾聴し、紛争解決後も信頼関係を維持していく大人の存在が特に必要である。その役割は、日常的な接点がなく、継続的な対応ができないSLではなく、常日頃から子どもと接する教員（担任に限らない）、SC、SSWr、養護教諭等が担うことが子どもの最善の利益に資することが多いであろう。校内で、誰が子どもの味方の役割を担うかについて、SLがこれまでの経験に照らし、様々なケースを想定しながら、学校とともに役割分

担を考えることが重要である。

　また、SL が当事者と面談を行うことは、困難な案件になれば SL に任せればいい、という安易な考えに繋がりかねず、将来的に教員の力量低下を招く危険もある。そもそも、保護者の要求が過度に見えるような場合でも、学校の初期対応の失敗や、子どもや保護者の不安感に寄り添わない対応、コミュニケーションの問題等が背景にある場合が多い。そのような場合に安易に SL を「壁」として対応させるのではなく、保護者がどのようなことで不信感を抱いているのか、子どもが何に不安を抱えているのか等について、第三者的立場の SL とともに考え、新たな視点を得ることで、子どもや家庭への理解を深めたり、対応策を学ぶ経験を積み、次のトラブル防止に繋げていかなくてはならない。また、本来対応すべきでないことも学校が拒否できず抱えこむことで、教員が疲弊感を強めている場合もある。そのようなときも、顧問弁護士の対応を依頼するような状態なのか、福祉機関等他機関へ繋ぐべきなのか、法的に対応する必要がないと毅然と伝えるべきなのか等、SL の助言を求めた上で、自信をもって保護者に示す経験を重ねることで、心理的負担感を軽減し、対応の蓄積ができることとなる。

　では、保護者が SL との面会を求める場合はどうだろうか。いくら、SL が中立的な立場として子どもや保護者に接したとしても、保護者と学校が対立している場合に、保護者の意向に沿う回答が法的にできなかった場合、または、子どもの最善の利益の観点から保護者の意向は適切ではないと判断した場合、保護者からは、結果的に SL は敵対的な「学校側の弁護士」であると見られてしまう危険性が高い。保護者からすれば、「学校側の弁護士」がいるという事実は、学校が保護者を敵対的に見ていると不信感を抱かれる可能性もある。また、子どもとではなく、保護者と話しただけでは、子どもの最善の利益はわからないため、話を聴いても傾聴しかできないということにならざるを得ない。

　また、SL は、自治体に設置されている子どもの権利擁護委員と異なり、

制度的に独立性や第三者性が担保されているわけではなく、学校設置者と契約をしている。そのため、子どもや保護者と面談した内容で、学校に言わないで欲しいと言われた場合、誰に対する守秘義務を負うかという問題や、利益相反の問題も生じる可能性があり、弁護士が懲戒請求の対象になることも起こりうるであろう。

したがって、SL は、現在把握している事実関係を確認して整理しつつ、法的判断に足りない事実や、これまでの経験で培ってきた背景事情に関する事実を確認することを教員に促すとともに、校長・教頭・教務主任・学年主任・担任・SC・SSWr・養護教諭等の役割分担を検討し、子どもの意見を聴くことを促し、第三者的な視点で助言を行うことが重要な役割であり、直接子どもや保護者に会ったり、調停機能を行うことにはなじまない。

もっとも、学校という教育現場でも、関係者の対立が深刻化し、緊張関係が高い場合は、第三者による調整や調停活動によって、関係改善を行うことが子どもの権利保障の観点から必要な場合もあるだろう。第三者的立場による調停は、SL とは別に利用できることが望ましい。現時点における調停的役割を行えるものは、東京弁護士会が行う学校問題 ADR があるが、必ずしも子どもの意見表明権が保障されていないという問題がある。子どもの権利を保障しながら調整を行うものとして地方公共団体が設置する公的第三者機関である子どもの権利擁護委員制度（オンブズパーソン等名称が異なるものもある）がある。また、今後設置が望まれるのがメディエーターであるが、それらについては、次節以降を参照されたい。

（間宮静香）

Ⅱ　学校紛争の調整―子ども権利擁護委員制度

【1】 個別救済機能を持つ子どもの権利擁護委員制度

　学校における紛争、特に学校と保護者（子ども）との関係について、第三者が入らなければ解決が困難な状況になることもある。本章第１節で述べたとおり、スクールロイヤー（以下、SL）が調停機能を担うことは子どもの最善の利益の観点から適切ではない。これまで学校や教師が、SL に対応してもらいたいと思っていた事例のうち、多くは、SL の助言によって緊張関係は緩まると思われるが、それも難しいほど関係性が悪化している場合もあるであろう。

　そのような場合に、利用できる第三者機関として、子どもの権利擁護委員制度がある。子どもの権利擁護委員制度は、子どもオンブズパーソン、子どもコミッショナー、子どもの権利救済委員制度など、異なる名称が使用されているが、本書では「子どもの権利擁護委員制度」「子どもの権利擁護委員」という名称を使用することとする。

　それでは、子どもの権利擁護委員制度とはどのような制度であろうか。

　子どもの権利擁護委員制度は、子どもの権利を救済する個別救済機能と、個別案件から浮かび上がった課題や問題点を解消するために制度改善を行う機能を有する独立した第三者機関である。1989年11月20日、国連は子どもの権利条約を採択し、日本は1994年にこれを批准した。子どもの権利条約第４条は、締約国に対し、「この条約において認められる権利の実施のためのあらゆる適当な立法上、行政上およびその他の措置をとる」ことを義務づけている。また、子どもの権利条約の内容を批准国が遵守しているか確認する機能を持つ、国連子どもの権利委員会は、一般的意見２号「子どもの権利の促進および保護における独立した国内人権機関の役割」で、独立した国内人権

機関は条約の実施を促進及び保護するための重要な機構であり、条約の実施を確保しかつ子どもの権利の普遍的実現を前進させるという責任の中に、子どもの権利擁護委員のような機関の設置が含まれるとした。

　しかしながら、2021年12月現在、国連子どもの権利委員会の再三の勧告にもかかわらず、日本政府は子どもの権利擁護委員制度等の子どもの権利の保障を監視し、救済する機関を設置していない。

　他方、地方では、1999年、兵庫県川西市で川西オンブズパーソンが設立されたのを皮切りに、2001年、川崎市で子どもの権利に関する条例が施行され、翌年に川崎人権オンブズパーソンが設置されると、各地で子どもの権利を守る子ども条例が施行されるとともに、地方自治体が独自に子どもの権利を守り、その救済を行う制度を条例で設置してきた。その数は、2021年10月現在38箇所である（本節の末尾資料参照）。

【2】 名古屋市子どもの権利擁護委員制度

　子どもの権利擁護委員制度は、独立した公的第三者機関で、委員は、多くの場合、弁護士、大学教員、臨床心理士などが担い、①個別救済②子どもの権利のモニタリング③制度改善④子どもの権利の普及・啓発の役割をもつ。個別救済では子どもの権利を保障する観点から相談を受け、調査・調整などを行い、それでも子どもの権利侵害状態が解消されない場合は、勧告等の強い権限を持つのが特徴である。

　ここで、筆者が現在代表擁護委員を務める名古屋市の子どもの権利擁護委員制度で、学校内で発生する紛争解決をどのように行うかを紹介する。

　2008年に施行された「なごや子ども条例」（2020年に「なごや子どもの権利条例」に改正）では、子どもの権利の救済についての条文があったものの、当時は、子どもの権利擁護委員制度を設置するまでに至らなかった。しかし、第1章のとおり、児童福祉法改正など子どもの権利を保障する機運が高まったことを受け、2019年に、子どもの権利擁護委員制度を設置する名古屋市子

どもの権利擁護委員条例が施行された。

　子どもの権利擁護委員制度は自治体が設置する公的機関ではあるが、自治体に対し勧告等を行う機能を有しているため、独立性が確保されなければならない。そのため、形式的には市長の附属機関ということになっているが、具体的な相談内容を市長に伝えることはないし、市長の指揮監督命令下にもない。名古屋市では、2021年12月現在、弁護士2名、大学教員3名（児童福祉、教育、心理）の計5名が子どもの権利擁護委員となり、相談員10名が擁護委員の指示の下、相談業務を行っている。

　事務局は、名古屋市子ども青少年局子ども未来企画室の職員3名が従事しているが、相談内容に関与することはない。また、場所も、市役所や教育委員会、学校などからは離れ、名古屋市の中心部である栄のビルの一室を利用し、「なごもっか」という名称で、子どもたちから電話と面談で相談を受けている。

　2020年度の相談内容は、多かった順に教職員の対応、対人関係、家族関係、心身の悩みである。うち、おとなからの相談は「教職員の対応」が多く、学校と保護者間での緊張関係が多い現状が垣間見える。

　「なごもっか」では、保護者から相談があった場合でも、原則として子どもと面談を行うようにしている。それは、学校で起きたトラブルは、保護者の問題ではなく、子どもの問題として、子どもの権利保障の観点から考えなくてはならないからだ。また、保護者はそう思っていなくても、保護者と子どもの解決方法が一致しないことは珍しくない。学校に通っている当事者の子どもが何を望むか、それを理解しないままにおとなが勝手におとなの満足する「解決」をしても、子どもの権利は何ら救済されない。例えば、何かトラブルがあった場合に教師によって行われる「謝罪の儀式」（「ごめんね」と言われた子が、許せなくても必ず「いいよ」と言わなければならない）はその典型である。

　子どもの意見表明権を保障し、子どもが問題を主体的に解決するため原則

として子どもと保護者は別室で面談を行う。子どもは、保護者の前では、遠慮して言えないこともあるからだ。そして、子どものプライバシー権に配慮し、保護者に対して言ってほしくないこと、学校に対して言ってほしくないことの確認を行う。子どもが子どもの権利擁護委員に学校に行って欲しいと望む場合、学校に何を要望するかを具体的に確認して、学校へ行く。逆に子どもの希望がない場合は、保護者の希望があっても学校での調整は行わず、子どもとともに調整以外の問題解決の方法を探ることとなる。学校とは、敵対関係ではなく、同じ子どもの最善の利益を保障する立場同士として、一緒に子どもが安心して学校に行けるよう考えていくスタンスをとっている。そういう意味では、SLと役割が共通する側面があると言えよう。当然のことながら、学校には学校の言い分があり、子どもや保護者にうまく伝わっておらず誤解を招いていることや、子どもや保護者には伝えていないものの尽力していたこと等もあることから、学校の意向を正確に子どもと保護者に伝える。その上で、子どもに気持ちや意向を再度確認し、また学校と話をする、という繰り返しを行う中で、学校と子ども・保護者の緊張関係を緩和し、関係を修復し、子どもが安心して行ける環境を整え、子どもの権利を保障している。

　このような意味で、子どもの権利擁護委員は、学校で生じた紛争を解決する調停類似の機能を有するといえるだろう。また、制度が原因で子どもの権利侵害が生じている場合は、勧告を行うことによって制度改善に繋がるという解決方法もある。特に名古屋市の場合は、勧告後に制度改善が見られない場合は、再調査・再勧告まで認められており、予算措置も含め、学校単独では対応困難だったものが制度的に改善される場合もあろう。

　このような子どもの権利擁護委員制度がある自治体では、子どもや保護者に対し、SLがこのような機関を紹介することで、第三者による調整活動を行うことが可能となる。次節では、もうひとつの調停的役割を担い得る教育メディエーターについて紹介する。

（間宮静香）

参考：子どもの権利条約総合研究所HP（2021年10月現在）

子ども条例に基づく子どもの相談・救済機関（公的第三者機関）連絡先一覧：救済機関設置順

No.	制定自治体	条例名称	相談室・電話名称	電話番号
1	兵庫県川西市	川西市子どもの人権オンブズパーソン条例	川西市子どもの人権オンブズパーソン	0120-197-505
2	神奈川県川崎市	川崎市人権オンブズパーソン条例	川崎市人権オンブズパーソン（子ども専用）電話：子どもあんしんダイヤル	044-813-3110（大人）0120-813-887（子ども）
3	埼玉県	埼玉県子どもの権利擁護委員会条例	埼玉県子どもの権利擁護委員会（子どもスマイルネット）	048-822-7007
4	岐阜県多治見市	多治見市子どもの権利に関する条例	多治見市子どもの権利相談室（たじみ子どもサポート）	0120-967-866（子ども専用）0572-23-8666（大人用）
5	秋田県	秋田県子どもの権利擁護委員会条例	秋田県子どもの権利擁護委員会	0120-42-4152（受付：子ども家庭110番）
6	福岡県志免町	志免町子どもの権利条例	子どもの権利相談室「スキッズ（SK2S）」	0120-928-379
7	東京都目黒区	目黒区子ども条例	めぐろ　はあと　ねっと（子どもの悩み相談室）	0120-324-810
8	愛知県豊田市	豊田市子ども条例	とよた子どもの権利相談室（こことと）	0120-797-931
9	三重県名張市	名張市子ども条例	名張市子ども相談室	0595-63-3118
10	北海道札幌市	札幌市子どもの最善の利益を実現するための権利条例	札幌市子どもの権利救済機関（子どもアシストセンター）	0120-66-3783
11	福岡県筑前町	筑前町子どもの権利条例	こども未来センター	0120-24-7874
12	愛知県岩倉市	岩倉市子どもの権利条例	岩倉市子どもの権利救済委員	0587-38-5810（受付：子育て支援課）
13	東京都豊島区	豊島区子どもの権利に関する条例	豊島区子どもの権利擁護委員	03-5980-5275（受付：東部子ども家庭支援センター）
14	愛知県日進市	日進市未来をつくる子ども条例	子どもの相談窓口（もしもしニッシーダイヤル）	0561-73-1402
15	福岡県筑紫野市	筑紫野市子どもの権利に関する条例	筑紫野市子どもの権利救済委員	092-923-1111（内線411・433　受付：子育て支援課子育て支援担当）
16	愛知県幸田町	幸田町子どもの権利に関する条例	幸田町子どもの権利擁護委員会	0564-62-1111（内線133）（受付：子ども課）
17	福岡県宗像市	宗像市子ども条例	宗像市子ども相談センター（ハッピークローバー）	0120-968-487（子ども）0940-36-9094（一般）
18	北海道北広島市	北広島市子どもの権利基本条例	北広島市子どもの権利救済委員会	011-372-6200（子どもの権利相談窓口）

19	愛知県知立市	知立市子ども条例	知立市子どもの権利擁護委員会	0566-95-0162（子どもの権利相談室）／0120-481-872（知立市子どもなんでもホットライン）
20	東京都世田谷区	世田谷区子ども条例	せたがやネットと子どもサポート（せたホッと）	0120-810-293
21	青森県青森市	青森市子どもの権利条例	青森市子どもの権利相談センター	0120-370-642
22	長野県松本市	松本市子どもの権利に関する条例	松本市子どもの権利相談室（こころの鈴）	0120-200-195
23	北海道土別市	土別市子どもの権利に関する条例	子どもの権利救済委員会	0165-23-3984（受付）
24	栃木県市貝町	市貝町こども権利条例	市貝町こどもの権利擁護委員会	0285-68-1119（受付：子ども未来課子ども育成係）
25	兵庫県宝塚市	宝塚市子どもの権利サポート委員会条例	宝塚市子どもの権利サポート委員	0120-931-170
26	長野県	長野県の未来を担う子どもの支援に関する条例	長野県子ども支援委員会	0800-800-8035／026-225-9330（大人用相談電話）
27	栃木県那須塩原市	那須塩原市子どもの権利条例	那須塩原市子どもの権利救済委員会	0287-46-5532（子育て支援課）
28	神奈川県相模原市	相模原市子どもの権利条例	さがみはら子どもの権利相談室（さがみみ）	0120-786-108（子ども専用）／042-786-1894（大人）
29	三重県東員町	みんなで一歩ずつ未来に向かっていく東員町子ども条例	東員町子どもの権利委員会	0594-86-2806（受付：町民課）
30	北海道芽室町	芽室町子どもの権利に関する条例	芽室町子どもの権利委員会	0155-62-9733（受付：子育て支援課）
31	東京都国立市	国立市総合オンブズマン条例	国立市総合オンブズマン	0120-70-7830
32	福岡県川崎町	川崎町子どもの権利条例	川崎町子どもの権利救済委員	0947-72-5800（受付：子育て支援課）
33	東京都西東京市	西東京市子ども条例	西東京市子どもの相談室（ほっとルーム）	042-439-6645
34	愛知県名古屋市	名古屋市子どもの権利擁護委員条例	名古屋市子どもの権利相談室「なごもっか」	0120-874-994（子ども専用）／052-211-8640（大人用）
35	山梨県甲府市	甲府市子ども未来応援条例	甲府市子どもの権利擁護委員	055-221-3011（甲府市青少年相談室）
36	兵庫県尼崎市	尼崎市子どもの育ち支援条例	尼崎市子どものための権利擁護委員会	0120-968-622
37	福岡県那珂川市	那珂川市子どもの権利条例	那珂川市子どもの権利救済委員会	092-408-1036
38	東京都江戸川区	江戸川区子どもの権利擁護委員設置条例	えどがわ子どもの権利擁護ホットライン	0120-301-123

Ⅲ　学校でおこる対立に向けてのメディエーションシステムとメディエーション教育

【1】学校での問題、トラブルとは―学校でのトラブルの特徴である多層的、継続的人間関係と解決

　二人以上の人間が存在すれば、意見の食い違いは必然であり、その食い違い、ボタンの掛け違いが激昂し、トラブルや対立に発展する。

　本稿を進めるにあたり、まず学校での特に、人間関係がかかわる「対立の当事者とは誰なのか」を考えてみよう。学校での対立の当事者は、①生徒同士、②教職員同士、③教職員と生徒、④保護者同士、④教職員（学校）と保護者、が挙げられる。生徒同士のけんかをイメージしてみよう。生徒同士のケンカで始まったものが、いつしか保護者同士に発展し、その後、教職員あるいは学校と保護者の対立に移行していくことも考えられる。どの時点で問題が表面化し、誰かが何を解決しようとするかのタイミングによって当事者が異なり、誰と誰の問題だったのかが見えなくなっているのが、学校トラブルの特徴と言える。つまり、別の言葉で言えば、問題が表面化した段階では、対立の当事者が、明確に見えなくなってしまうのが学校での対立の特徴といえよう。

　次に学校での人間関係がかかわる対立の特徴として挙げられるのが、対立が継続的な人間関係の中に存在することである。具体的に考えてみよう。例えば、生徒同士の対立の場合、転校や退学などしていない限り、保護者子関係、生徒同士、生徒と教職員、あるいは近隣での保護者同士の関係性は続き、問題は「過去の関係性」からの線上にあり、そして解決も「将来の継続的な関係性」の中での解決を考える必要が出てくる場合が多い。対立が激昂した場合、表面化した問題の背景には、人間関係が複雑にからみあっており、激

昂した時点では、問題を解決しようとすると「あちらを立てればこちらが立たない」といった継続的人間関係の中での解決をそれぞれの当事者に求めてしまいかねないのである。

　第三者として「問題解決」を考える場合、とにもかくにも、まず「表面化している問題」を解決しようとするのが人の常である。特に生徒同士の対立の場合、教育「指導」の一環で解決されることも否定できない。しかしながら、そこで、第三者が目に見えている瞬間での「要件」を「判断」しての解決は、両当事者にとっては、その瞬間の一義的なものにしかならず、両当事者にとって「誰かに解決された」ものとして、自らが考えた解決したプロセスは含まれにくい。ゆえに、結論が行為として継続的に実行されにくい結果を生み出すことになりかねない。法の実務家なら経験したことがあるであろうが、たとえ裁判の判決でさえ、実行されないことも多いのは、こういった人間関係にまつわることも少なくない。また、この「可視化されている」要件のみを法的解決で図ろうとすると、過去、将来ともに継続している人間関係を崩しかねない状況が生まれ、なおさら、結論を実行に移せない可能性が高まってしまう。

【2】メディエーションとは

　メディエーションとは、中立的第三者が両当事者の解決力を支援することにより、両当事者自らが解決方法を見つけ、そして共に作り上げていく方法である。わが国では2000年の司法制度改革で、裁判外紛争解決（以降 ADR）の一つとして注目を集めることになった。

1. メディエーションの歴史と理論

　メディエーションは、1620年、ピリグラムファーザーズがアメリカに入植した後、アメリカの入植時代、個人のリーダーシップのみならず、参加する人の意見を反映する形でまちづくり、国づくりをするため誕生したと言われ

ている[1]。その後、1950年代から1960年代の公民権運動により、社会的弱者の声を国の施策にどのように届けるかという点でメディエーションが学術化されてきた。また一方でアメリカの濫訴を背景に国家として司法予算を考えるうえで、訴訟以外の方法を考えざるを得ず、その中で、ADR が発展してきた背景がある。1970年代には、neighborhood justice center などがアメリカの ADR として登場してくることになる[2]。

　アメリカ以外の国でも同様の動きはあり、イギリスの場合、各地のコミュニティメディエーションセンターが学校と提携しシチズンシップ教育の一環として、コミュニティメディエーターを学校の授業に派遣するなどの活動も行われている[3]。また、昨今では、学校でのピアメディエーターのスーパーバイザーとして学校で活動を続けている。

　メディエーションの理論には主に３種類が存在する。1973年 Deutsch「The resolution of conflict」により発表された Facilitative モデル（以降 FM）、1994年 Folger と Bush「Promise of Mediation」により発表された Transformative モデル（以降 TM）、2001年に Winslade と Monk「Narrative Mediation」により発表された Narrative モデルである。

2．ファシリテーティブモデルにおけるメディエーターのプロセスのコントロール

　FM は日本語では「問題解決型」と言われ、間に入るメディエーターは、両当事者のニーズを、話し合いの論点として把握し、両当事者に論点として提示していくために、質問などを繰り返していくことになる。FM は質問を繰り返し、メディエーションの論点を見つけるだけでなく、前向きな言い換え（リフレイミング）、共通点の焦点化などによりプロセスをコントロールする。

　しかし、対立状態である当事者が話し合いをしようとするとき、各当事者には、語りたい、あるいは語りたくない思いや事情がある。そこで、メディ

エーターが「解決のため」質問をし、問題の論点を探ろうとすると、当事者にとっては、「今、話そうと思ったこと」の思考は中断され、その質問にじっくり考えて答えようとする当事者の力を奪ってしまうことになりかねない。また、同時に「今は話したくない事」を「話さなければならない」プレッシャーも生じ、十分に考える事が出来ないままに、結論を出すことにもなる。特に、今、話したくない事を話すことは、両当事者間で葛藤を生じ、二人で導きださなければならない解決はいつしか、メディエーターのコントロール下に置かれてしまうことになる。第三者を「入れてまで」話し合いをしているのに、正直に「今は話したくない」と発言すれば、相手方としても「なにか隠したい事があるのではないか」と疑念を抱くことになり、話し手にとっても「話さないとこの場が終わらないのではないか」「話さないと相手、あるいはほかの関係者に迷惑がかかる」「今それを話すことは自分の立場がなくなる」など、両当事者ともに葛藤を生じさせるのである。そうなると、例えばメディエーションが終わり帰宅し、現実に戻ったときに、自分がなぜそのような発言をしてしまったのかとの思いなどが錯綜し、自己決定した実感が失われ、合意したはずの結果の履行にも困難が生じ、解決がメディエーターによりコントロールされた表面的なものに変容してしまう事にもなってしまう。

3．トランスフォーマティブモデル（TM）

　上記のようなFMへの批判から生まれたのがTMになる。TMは日本語では「認知変容型」と呼ばれることが多い。対立になった時、両当事者は自分で自分の問題を解決する力、自分の問題を客観的にみすえる力が弱くなる。一方で、相手との関係性を冷静に見つめなおすことは難しくなり、自分の主張を押し通そうとしたり、逆に相手の主張を安易に受け入れてしまう事にもなりかねない。また、相手との関係を切りたいと思う一方で、どこかで分かりあいたい、そして少なくとも自分や相手がかかわる社会とはつながってい

たいという、自分と相手との間のアンバランスな状態が続く。TM の考え方では、メディエーターは各当事者自らの問題を見つめなおす力の回復（以降エンパワメント）、その後、当事者が自ら相手との関係性を考えていく力（以降リコグニション）を支援していくことになる。各当事者がエンパワメント、リコグニションを行ったり来たりすることで、お互いに相互に影響しあい、問題となっている事象そのもののとらえ方がお互いに変容し、自己決定により解決していくプロセスをメディエーターは支援していく[4]。TM のメディエーターは、両当事者のありのままを客観的に映し出すことで当事者自身の自らの力と相手との関係性の再構築、そして自己決定を支援していく。例えば FM とのスキルの違いを表すとすれば、TM のメディエーターはチェックインとよばれる、自己決定のタイミングでの支援のほか、質問はしない、また、共通点のみに焦点をあてて合意を促進するのではなく、違う点もしっかり表すことにより、両当事者がそこから自ら考え、自己決定をしていく支援をしていくことになる。プロセスも結論も自らの決定によりなされるため、合意を実行する「履行率」も高まる。TM は、上記のような理論と実務により、特に人間関係が深くかかわる問題にふさわしいメディエーションモデルと言われている。

4．メディエーションのプロセス

　メディエーションのプロセスもまた自己決定であることを忘れてはならない。メディエーションを含む ADR のプロセスは、両当事者がそのプロセスを利用することを合意して初めてスタートする。この点が訴訟と大きく異なると言えよう。訴訟は片方当事者が申し立て、たとえ相手方がそのプロセスに応諾しなくても、欠席裁判などプロセス自体は進んでいくが、メディエーションによる話し合いは両者がそのプロセスに合意することが必要になるのである。この話し合いまでのプロセスがケースマネジメントになる。

　ケースマネジメントを担当するケースマネージャー（以降 CM）は、最近

の欧米ではメディエーターが兼務、あるいは経験の長いメディエーターが務める。CM はメディエーター同様、申し込み人の代理人ではなく、中立的な役割である。申し込み人の話を聴く中で、誰とどのようにしていきたいのか、申し込み人が思い描く、問題と、その希望する解決方法を聴き、当事者自らが決定していくことを支援する。同時に、相手方へのコンタクト方法も確認し、相手方にコンタクトをとる。関係性が深い両当事者の場合、いきなり、第三者から連絡がいくより、申し込んだ当事者があらかじめ話しあいたい相手に、第三者から連絡が行く旨連絡をいれておいた方がよいと希望することも多い。前述のように CM は代理人ではないため、相手方に連絡を取る際も、「申し込み人が話し合いを望んでいるので話し合いに応じてください」というスタンスではなく、あくまでも相手方がおかれている状況を聴かせていただき、申し込み人同様、相手がどうしたいのかというスタンスで話を聴き、決して話し合いを押し付けないプロセスをとっていく。

　実際にも、相手方が話し合いに応じないケースも多い。しかしながら、このプロセスを両当事者が経る事で、両当事者自身が直面している問題を考える時間をとることになり、少し期間がたったあとに、相手方から再度メディエーションが申し込まれることも少なくない。両当事者がメディエーションというプロセスに合意したのち、話し合いに誰が参加するのかお互いに合意し、話し合いがスタートすることになる。

5．学校でのメディエーションのプロセス

　学校でのメディエーションを考える上で、例えば子ども同士の些細なけんかが、保護者同士の問題に発展し、片方の保護者が学校に苦情を言ってきているケースを考えてみよう。片方の保護者は、相手の保護者を悪く言う一方で、学校の対応にも少なからず不満を抱いている。ケースを受け付け、CM は申し込んできた保護者の話を聴き、「今」何が問題となっているのかを聴いていくことになる。CM 自身が問題解決をしようとすればするほど、「最

初に何があったのか」など「過去」のことをまず詮索してしまいがちになる。しかしながら、当事者のエンパワメントが落ちている中、当事者の中では過去や今、そして将来の事はすべて混沌としていて、何が問題なのかを冷静に見つめなおすことは難しい。CM は当事者のエンパワメントとリコグニションを支援しながら話を聴くことで、当事者がメディエーションを通して「今」何をしたいのかを決定するのを支援していくことになる。その過程では、当初は申し込み人である保護者と学校の問題と思っていた当事者が、まずは「今」、保護者と子どものメディエーションが必要であると気づくこともある。その場合は、CM は子どもを話し合いの相手方として子どもの状況と意思を確認していくことになる。子どもが年齢的、あるいはなにがしかの理由があり、自分の意思を伝えることが難しければ、子どもの意思を確認し、伝えるサポート手段、例えば「子どもの代理人」や、カウンセラーなどのサポートが必要になることもある。あるいは、状況によっては、ソーシャルワーカーとの連携も重要になる事もある。また、発達障害や、メンタルの問題がふくまれるケースでは、専門家とチームを組むことも必要になる。親子の話し合いの中では、次に誰と話せばよいのかなど話が出てくれば、その次のプロセスとして、子ども同士、あるいは親同士のメディエーションも考えられる。

　最初に申し込む時、話し合いの相手と「思っている相手」が、「最初に話し合う相手」とは限らないのである。特に学校の問題のように、「子ども」の存在が大きくかかわる時、その子どもの今後の生活が、自分以外の誰かに勝手に決められてしまうのではなく、子ども自身の考えが、どこかで反映されたものであることは忘れてはならないのではないだろうか。子どもが自主的に解決しなかった、出来なかった経験は、その子どもにとってその後の人生に大きな影響を及ぼしていることを周囲の大人は忘れてはならないし、子ども自らの権利は、子ども自身のものであり、それを、子どもと共にどのように実現させるかを考えることが学校メディエーションのプロセスの中で最も大事な要素となるのではないかと思われる。

164

【3】 海外での学校メディエーション発展の背景とわが国で必要な
メディエーション教育

1. ピアメディエーションの背景とわが国の状況

　前述のように、海外、とくに欧米では、公民権運動やシチズンシップ運動とともにメディエーションは発展してきた。その中でコミュニティが、自らの地域の学校と連携しメディエーションを進めてきた背景がある。わが国では、欧米の学校メディエーションは、ピアメディエーション、つまり、生徒・学生が、学生たち同士のけんかのメディエーターになる仕組みが、主に紹介されてきた。しかし、ここで次の3点を考えなくてはならないであろう。第一に、欧米ではコミュニティメディエーションの認知は広がっており、メディエーションがどんなものなのか多くの市民が理解していること。第二に、英国などでは、義務教育の一環としてシチズンシップ教育が必修科目の中にあり、その中にメディエーション教育が含まれているということ。第三、にアメリカなどでは、リーダーシップ教育としてピアメディエーターの育成が行われているということである。

　わが国のシチズンシップ教育はいまだ未知数である上、必修科目としてのメディエーション教育は行われていない。その中で、たとえ一部の生徒をピアメディエーターに育てたとしても、メディエーションを利用しようという子どもたちの意識付けや、メディエーションで何ができるのかという根本的な理解がなければ、「絵にかいた餅」になってしまう。また、同時に、周囲の教職員や保護者も同時に理解していかなければ、周囲に何をやっているのか理解されないまま、子どもたちは傷つき、疲弊してしまうことになろう。ましてや、大人のメディエーターでも、けんかの間に入る精神的負担は大きい。組織としてのメディエーターは、メディエーションが終われば、ある意味、両当事者との関係性は終了するが、子ども同士のメディエーターは、学校内、地域での関係性は継続する。大人同様、スーパービジョンなどのメデ

ィエーターのケア、そしてその後の行動をサポートするシステムがなければ、子どもたちのメディエーター、そしてメディエーターを利用していた、せっかくやる気になっていた子どもたちの気持ちを、失せさせ、やればやるほど、孤立していくということにもなりかねない。スーパービジョンについては、ピアメディエーションのみならず、今後教育の現場にメディエーションを活用しようと思う際には同様のことが言えよう(5)。

2．学校でのメディエーション教育、中学でのメディエーション授業(6)

　学校内でのメディエーション教育は、欧米をはじめピアメディエーターの育成が主なものであり、日本にもピアメディエーションとして伝わり、いくつかの学校でピアメディエーター教育が実践されてきている。しかし、前述のように、子どもたちのみならず、教職員、保護者をふくむ学校全体でのメディエーションへの認識と取り組みがなければ、ピアメディエーションは「絵にかいた餅」になってしまう。まずは、学校全体でメディエーションについての理解を広げ、学校の文化の一つとしてメディエーションの考え方を浸透させていくことが必要になる。

　一般社団法人メディエーターズは、愛知教育大学での教育メディエーター育成（次節参照）の他、小学校、中学校、高校などでのメディエーションの授業を実施している(7)。栄光学園中学の授業では、各学期 2 回合計 6 回の授業を通して、「なぜ紛争や対立が起こるのかを知る」「事実と評価の違いを体験を通して考える」「学校での身近な事例で、対立の背景には何が起こっているのかを考える」「対立に関わる第三者として様々な方法を考える」「大人の事例を考える」「1 年間のまとめ」をゲームや、グループディスカッションを通して、アクティブラーニングスタイルの授業を行っている。この授業の最大の特徴は、対立は誰もが避けて通れないものであり、それを解決、あるいは激化を防ぐためにお互いに聴きあい、伝え合う学校の文化として広げていこうという授業になる。現在 6 年目に入り、学校全員の生徒が授業を

受けることになった。もともと、栄光学園の教育理念にある「対話」を学校
の文化として、学校に入学した直後の中学1年生新学期より始めることによ
り、生徒たちにとって、自分たちの学校での文化を知り、学校生活を送るう
えでの、そして卒業してからの大きな力となって欲しいと考えている。

3．子どもたちがメディエーションを学ぶということ

　子どもが対立や悩みを抱えた時に、初めに誰に相談するのかは、メディエ
ーションを含む学校での紛争解決システムを考える場合、最も大切なポイン
トになる。令和2年7月に発表された内閣府「子供・若者の意識に関する調
査」のQ21.「あなたが、社会生活や日常生活を円滑に送ることができない
ようなときに、どのような機関や人なら、相談したり、支援を受けたりしや
すいと感じますか。」では、どの年代でも、「友人・知人」が「家族や親せ
き」に次いで2番目に多い相手として回答をしており、決して教職員でも専
門家でもない。家族、親戚、友人・知人が、相談相手として、相談者の悩み
にはどのような背景があり、どのような解決方法があるのかお互いに聴きあ
える文化がなければ、子どもは「助けて」と言えないのである。まずは信じ
て「助けて」と言える文化、その「助けて」をお互いに受け入れる文化がな
ければ、どんなシステムを作っても、利用されなくなってしまう。相談者は、
相談相手を変遷すればするほど、referral fatigue つまり「相談疲労」を起
こし、次に相談することをやめてしまう。最初に相談した相手が、相談者の
話をしっかりと「聴き」、相談者がなにをもとめ、「今」どのような解決方法
を望んでいるのかを、しっかり「聴き、相談者の自己決定を支援する」こと
ができなければ、どんなシステムを作っても、相談者は自らの問題を解決し
ようとも思わなくなってしまうのである。ましてや学校の問題は、前述した
ように「多様的な、継続的な人間関係」のなかで起こっている。複雑に人間
関係がからみあった問題を解決しようとしたときには、ファーストコンタク
トが非常に重要な役割を占めることになる。

　わが国で、ピアメディエーションはじめ、紛争解決のシステムを考える時、教職員の負担削減も同時に語られることが多い。教職員の負担削減は、結果的にはそうなるのかもしれない。しかし、そのためには、教職員自身が、対立はなぜ起こり、そこにはどんな方法があるのか、そして子どもたち、保護者たち、教職員たちは、何をしたいかと思っているのか考える必要がある。それによって方法は全く異なる。

　学校全体の紛争解決システムを考える時、どのようなケースを想定するのかで、解決方法のイメージは大きく異なる。メディエーションは多様な解決方法の一つである。どのようなケースであれ、解決方法は子どもも含め当事者が多くの選択肢の中から選択すべきものであろう。「チーム」として学校、子どもたち、地域を考える場合、まずはそのチーム全体の文化をどのように育成するかを考える必要があるのではないだろうか。

【4】学校でのメディエーションにおけるスクールロイヤーや　　　スクールロイヤー以外のロイヤーの関わり

1．解決方法選択の支援者としてのスクールロイヤー

　上述のように、学校において第一に相談を受ける立場として、スクールロイヤー（以下、SL）は、当事者から少し遠い存在として受けとめられることが多い。ましてや SL は学校に常勤することは少なく、事件が大きくなってきたら登場する人物と思われがちになってしまうだろう。

　しかし、対立は時間がたつほど、人物が多く関わればかかわるほど、複雑化してくる。メディエーション、特に TM は、法的問題よりも人間関係の問題解決により有効な手段であることは間違いないが、問題が表面化した時に、あまりにも激化する前の、初期の段階で、つまり紛争解決を選択しようとするケースマネジメントの段階で、当事者から直接 SL が相談を受ける体制が必要であろう。その上で、当事者が解決方法の選択をできるシステム構築が必要になる。

メディエーションをしようとした場合でも、当事者の希望によってケースマネジメントの段階などでSLに同席してもらい、当事者が、メディエーションを選択するのか、あるいは他の方法を選択するのかの支援が必要になる。

2．子どもの代理人としてのスクールロイヤー、あるいはスクールロイヤー以外のロイヤー

学校内において代理人という場合、SLという立場は、学校側の代理人と認識されてしまいかねない。しかし忘れてはならないのは、「子ども」の声をどのように「子どもたち自身の問題解決」として反映していくかであろう。例えば、子ども自身の問題がいつのまにか、大人同士のもめごとになってしまったような場合、メディエーションにも、家庭裁判所の「子どもの手続き代理人」同様、子どもの声を代理する方法、あるいは子どもが発言しやすく支援する専門家が必要になってくる。子どもが代理人に自分の意見を表明できるために、対象年齢、子どもの特性などを考慮した上で、どのように「子どもの代理人」を選任するかなども、今後の課題として挙げておきたい。

3．メディエーションにおけるロイヤーのトレーニング

アメリカには、メディエーションに関与する（メディエーターとしての関与以外で）ロイヤーのためのトレーニングがロースクールに存在する[8]。それは、メディエーションでのロイヤーの役割は、裁判の役割と大きく異なるからである。いままでとは大きく異なる方法を充実させるために、そして今後ロイヤーをメディエーションに活用しようとするためにも、ロイヤーへのメディエーション代理人トレーニングは必要不可欠になる。また、上記「子どもの代理人」に関しても、子どもの声を聴き、それを子ども自身が納得し、自分の声として伝える表現を一緒に作り上げる「コミュニケーション・対話の考え方」へのスキルトレーニングが必要になることは間違いない。

（田中圭子）

注

（1）レビン小林久子『ブルックリンの調停者』日本貿易振興会、1995年、46-56頁。

（2）大沢秀介「アメリカにおける代替え的紛争解決運動に関する一考察」『法学部政治学科解説九十周年記念論文集　慶応大学法学研究会』1988年、330頁。

（3）田中圭子「シチズンシップ教育におけるピアメディエーション教育の役割と課題」『法社会学』75号、2011年。

（4）トランスフォーマティブモデルの詳細については、安藤信明・田中圭子『調停にかかわる人にも役立つメディエーション入門』弘文堂、2015年を参照。

（5）メディエーションのスーパービジョンについては、田中圭子『聴く力　伝える技術　人間関係の誤解を解くメディエーションの極意』日本加除出版、2012年、148-157頁を参照。

（6）（一般社団法人）メディエーターズ、中学での授業の様子は以下を参照。
　　①株式会社ビープロダクションインタビュー
　　https://note.com/beproduction/n/nba5f4d74f04b?fbclid=IwAR1s-5ZtfeDur-tM83mptzpAAArizia0G40UN2DqS9xCoSX3zu1p37RB6QY
　　②内田洋行教育総合研究所の「学びの場.COM」
　　（前編）https://www.manabinoba.com/class_reports/020317.html
　　（後編）https://www.manabinoba.com/class_reports/020319.html

（7）田中圭子、前掲書、注（3）参照。

（8）メディエーションにおける代理人の在り方については、安藤・田中、前掲書、149-172頁を参照。

Ⅳ　スクールロイヤーと教育メディエーター
　―教育メディエーターとの協働の可能性

【1】愛知教育大学「教育メディエーター」認定の取り組み

1．概要

　一般社団法人メディエーターズでは、学校や病院、介護施設など閉ざされた空間におけるメディエーションの必要性と可能性について考え活動してきた。閉ざされた空間においては、問題が顕在化せずに問題として認識されない場合も多く関係が固定化し、弱い立場の者は泣き寝入りせざるを得ないことも多くなるからである。そのような生きづらい環境は変えて行く必要があり、そのためにメディエーションは有効な手段だと考えている。

　その一つとして、2018年度（平成30年度）から、「教育メディエーター」の育成に関わらせていただいている。愛知教育大学独自の資格として「教育メディエーター」が設けられた。授業としては、教育ガバナンスコースの科目に「学校コンフリクト演習」、「教育メディエーター演習」が設けられ、その授業を担当している。

　まず、教育メディエーターとは何か。

　学校内で起こるさまざまなトラブルに対して、当事者が直接話すことで問題を解決することを目指し、その話し合いの介入者となる者を教育メディエーターと呼んでいる。対立している当事者の間に入ることは、簡単なことではない。そのため、介入者（メディエーター）としての理念、基本的な対応を授業で学び、その成果を「アセスメント」で確認し、基本的な対応ができている学生を一般社団法人メディエーターズのメディエーターとして認定する。なお、このアセスメントと認定のしくみは、愛知教育大学のものではなく、一般社団法人メディエーターズのしくみであるが、学生が教育メディエータ

ーの称号を得るためには、大学が定めた下記の要件がある。

教育メディエーターの称号付与要件
1　教育学概論、教育原論、教育心理学、教育支援と福祉、子ども法入門、コミュニケーション論実習、学校コンフリクト演習、教育メディエーター演習を履修し、単位を取得したこと
2　一般社団法人メディエーターズの認定メディエーターであること
3　愛知教育大学を卒業したこと

2．学校コンフリクト演習、教育メディエーター演習

　実際にコンフリクトに直面することが少ない今の学生にコンフリクトや紛争解決について教えることはなかなか難しい。コンフリクトに直面しないというより、直面する前に（無意識に）回避してしまうことも多く、コンフリクトに直面すると人間はどうなるかとかその様な人にどの様に対応するべきかという議論は、机上の空論のような感覚を与えてしまうのかもしれない。また、集中講義となるため、授業の内容を学生が受け入れる時間が十分でない点もあるのかもしれない。

　一方、アセスメントのためには、それなりに、いわゆる「スキル」が使えるようにならないといけないが、スキルのみを覚えるのでは意味がなく、ジレンマを感じてしまう。

　さて、次に授業の一端を紹介してみたい。

　学校コンフリクト演習では、紛争解決の概略、メディエーションの特性、基本理念を学ぶ。そして、メディエーターとしての行動および行動規範を考え、メディエーターが話合いをコントロールしない当事者中心のメディエーションの方法（トランスフォーマティブモデル）をロールプレイと振り返りを繰り返しながら習得していく。

　学校コンフリクト演習を修了した学生のうち希望者がアセスメントを受ける。

　ロールプレイで扱う題材としては、学校の中で起こり得る事例として校則について考えるものや友人関係のもつれなどだけでなく、社会人として経験するだろう会社での上司と部下の対立の問題なども扱う。また、学生に実際にロールシートを作成してもらい、それを用いたロールプレイも行っている。

　アセスメントは、講師2名（田中圭子、安藤信明）が当事者役となり、学生がメディエーターとなるロールプレイをひとりずつ行い、メディエーターとしての理解、行動を評価するものである。

　これまでにおこなったアセスメントでは、8割程度の認定率となっている。

　学校コンフリクト演習の単位を取得し、アセスメントにおいてメディエーターとして認定された学生が基本的に「教育メディエーター演習」を履修する。もちろん、それ以外の学生も履修自体はできるが、教育メディエーターとして認定されることができる学生はアセスメントでの認定が条件になっているので、これまでにそれ以外の学生が履修したことはない。

　教育メディエーター演習では、学校内で起きた事案に関する裁判例を参考に実際の事件をメディエーションにデザインするために必要なことを学び、ケースマネージメントやフォローアップ、関係機関との連携などメディエーションの話し合い以外の部分についても学ぶ。

　最終的には、各自が教育メディエーターに関することについて調査研究した結果を発表して終了する。学生の新鮮な視点からの発表も多く、楽しみにしている。

3．教育メディエーターの実務に向けて

　これまでに20名以上の卒業生が教育メディエーターの称号を付与されているが、残念ながら現在は教育メディエーターとして活躍の場がない。折角、学生の時にメディエーションを学び、教育メディエーターという称号を得ても、社会に出て活躍の場がなければ、モチベーションは下がりメディエーターとして学んだことも忘れてしまうかもしれない。早急な体制作りが望ま

れる。

　以下は全くの私見であり、充分な検討を経ていないことを了承いただきたい。

　後に述べるように、教育メディエーター活用の可能性の一つにスクールロイヤー（以下、SL）との協働があると思う。学校に関わる資格としては、SL以外にも、SC や SSWr もあり、さらに関わる資格者を増やすことが、現場・子どもたちにとって良いことなのかはわからない。いろいろな人が学校、子どもの問題に関わる事は良いことだと思うが、いわゆる縦割りにならないように考慮して仕組みを作っていく又は変えていく必要があるのではないか。

　それゆえ、ここで「教育メディエーター」と書くのは、資格そのものというより、教育メディエーターの役割をする人と考えていただきたい。

　相談などの入り口がどこか（SL か、SC か SSWr か教職員か）に関わらず、紛争の当事者同士に対話が必要なケースには教育メディエーターが活躍すべきであり、そのために学んでいる。

　学校内の対立、紛争といっても、様々であり、複雑な法律問題も絡み SL の介入が必要なものもあれば、日常的なちょっとした行き違いから感情的な問題となり、メディエーターが介入して、話し合うことで関係が改善、修復されるものもある。

　教育メディエーターの活躍の場は、どちらかと言えば後者であると思うが、対立や紛争には、必ずと言って良いほど感情の問題も関わるので、前者のような SL の介入が必要なケースでも教育メディエーターの活用は充分可能である。

　要は、その様な問題によって柔軟に対応する仕組みをどうやって作って行くかということに尽きるのではないか。

　私たちメディエーターズが目指しているのは、「紛争のない社会ではなく、紛争を恐れなくていい社会・避けなくていい社会」である。もちろん、紛争

174

は可能な限り予防し、起こらない方が良いことは間違いないと思う。しかし、現代のように多様な価値観がぶつかり、コミュニケーションも難しい社会では、現実に紛争がない社会ということは難しく、それよりも紛争を隠さない、泣き寝入りしない社会を作って行くことが望ましいと考える。そこに、メディエーションの価値があり、対話によって紛争を解決することの価値がある。そこに、教育メディエーターの価値が生まれて来る。

　紛争予防の視点から言えば、学校の授業にメディエーション教育を入れることは意味がある。メディエーターズでは、対話の文化を作っていきたいという中学校からのリクエストに応えて、メディエーションの授業を継続的に行なっている。相手の立場や感情を理解する授業を経験した生徒たちの雰囲気や争いに対する対応に変化が出てきたと聞いている。また、変わったのは生徒だけでなく、それらの授業に参加している教師にも変化があったようだ。このように対話の文化を学校に作って行くことは、非常に重要であり、そのために教育メディエーターの活用を検討しても良いかと思う。

　私たちが愛知教育大学の授業において想定している流れは以下のようなものとなる。

＊＊＊＊＊＊＊＊＊＊＊＊＊＊＊＊＊＊＊＊＊＊＊＊＊＊＊＊＊＊＊＊＊＊
〈保護者からのクレーム〉

　中学の野球部の顧問の石田先生は、ある日校長室に来るように言われました。校長からは、保護者から教育委員会に石田先生に対する苦情が来ているとの連絡があったことを伝えられた。

　名前は言われなかったが、内容からして、おそらく２年生野球部員である健太郎くんの保護者からだと思われる。しばらくすると、今度は教育委員会に所属している教育メディエーターから連絡があった。やはり健太郎くんの母親が話し合いたいと言っているとのことである。
〈一方当事者から話を聴く〉

　教育メディエーターの石崎さんは、野球部の生徒の親から野球部顧問に対

するクレームがあったということで、まず、その保護者に事情を聴いてみることにした。

　保護者である宮本花子さんの話では、石田先生は、大会に出場するメンバーの選考方法に問題があり、何度も学校に連絡したのに何の反応もなく憤慨しているということである。できれば、メンバー選考を再度し直して欲しいし、顧問を変えて欲しいとも言っている。

〈他方当事者から話を聴く〉

　石田先生にも、事情を聴くと、今回の大会の選考方法は３年生最後の大会なので、実力に関わらず３年生中心でいくことは、すでに部員の間では了承済みであり、何も問題もない。今さら言われても困る。

　しかし、宮本さんが話し合いたいと言うのなら、いい機会だから話し合いには応じますとのことである。

〈両者同席で話し合う（メディエーション）〉

　まず、宮本さんがこれまでの事情や今の気持ちなど言いたいことを言う。メディエーターはこれを受け止める。石田先生も、これまでの状況や自分の考えなど言いたいことを言う。メディエーターは、話し合いをコントロールせずに、当事者が話したいことを話したいタイミングで言えるような場を確保することで、両者に対立によって失われていた力の回復（エンパワメント）が起こり、相手との関係性や対立そのものに関して再認知（リコグニション）がされ、対立が変容していき最終的には合意に至ることを意識している。もちろん、合意に至らない場合もあるが、認知が少しでも変われば、関係性も変わり今後の紛争防止につながる。

〈フォローアップ〉

　合意に至っても、至らなくてもメディエーション実施後に、当事者の希望により連絡を取りその後の状況や変化を確認することをおこなう。その結果、再度メディエーションを実施することもあるし、関係機関に繋ぐこともあるし、特に何もしないこともある。

＊＊＊＊＊＊＊＊＊＊＊＊＊＊＊＊＊＊＊＊＊＊＊＊＊＊＊＊＊＊＊＊

　次に、教育メディエーターについて考える材料として、愛知教育大学の授業でロールプレイの題材である事例（架空）を２つあげてみたい。

事例1　校則改正したいのに…

　Ａ高校の校則には、髪型や服装の規則が細かく決まっている。茶髪やパーマの禁止だけにとどまらず、前髪は、眉毛にすこしでも掛かってはいけないとか、パーマを掛けたわけでなく、生まれつきのくせ毛でもストレートにしなさいとか、合理性のない決まりも多い。

　吉村さんは、先日、この校則に違反したとされ、生活指導の先生に注意された。吉村さんは、くせ毛で、毎朝しっかりドライヤーをあてないとまっすぐにならず、とても苦労している。その日は、少し急いだため、いつもよりドライヤーをあてる時間が短くなってしまっただけなのに、注意され納得がいかない。もともと、くせ毛がどうしていけないのか理解できない。

　そこで、ホームルームの時間に担任の先生に校則の意味について質問してみた。しかし、「そんなことは当たり前だ。疑問を持つ方がおかしい。」とクラスのみんなの前で言われ、とても腹が立った。

　ホームルームが終わってから、何人かのクラスメイトに「先生の言うことがおかしいよね」と言われ、何人かで、この校則に関する質問と意見をまとめて担任に校長あての文書を提出した。

　ところが、担任の古川先生は、これを握りつぶしてしまい、教頭や校長に伝えることはしなかった。このことを問題だと思った吉村さんは、古川先生に抗議し、校則の改正を求めて、第三者を交えた話し合い（メディエーション）を希望した。

⇒　①吉村さんから相談を受けたとして、どのように対応するか？

　　②メディエーションをどのようにデザイン（誰と誰？参加者、順番など）するか？

　　③ロールプレイをしてみる。

[事例2]　学校の対応に不満がある教師

　野村先生は、転勤してきたばかりで、教頭から中学校の部活（テニス部）の顧問になることを要請された。

　運動部は、毎日練習するし、土日なども練習試合や大会などもあり休むことはできない。また、テニス部は、部員も50名くらいいて、結構多いので顧問は大変だと聞いている。

　それに、テニスに関する知識も経験もない自分ができることではないと思う。また、教頭には言ってないが、昨年から車で1時間くらいの所に住んでいる父親の介護が必要な状況もあり、母親だけに任せておくわけにはいかないので、土日は空けておきたい。

　教頭に「申し訳ありませんが、テニスの経験もありませんし、家族の事情もあって、テニス部の顧問ができません」と断ったところ、教頭には「みんなにやってもらっているので、何もやらないというわけにはいかないんですよ。それに、もう他の部活の顧問は決まってしまったので、もう変えられない」と言われた。

　教員が、自分の時間や自分の家庭に使う時間より、部活の顧問を優先するのはおかしい。全く何もしないと言っているわけではなく、もう少し自分にもできそうなことであれば協力する。ただ、今は父親の状態がよくないので、もうしばらく顧問は容赦して欲しい。と言ったが「そんな事情を一々聞いていたら、何も決められない」と全く相手にされないので、市の教育委員会に相談した。

⇒ ①野村先生から相談を受けたとして、どのように対応するか？

　　②メディエーションをどのようにデザイン（誰と誰？参加者、順番など）するか？

　　③ロールプレイをしてみる。

【2】教育メディエーターとスクールロイヤーの協働

1．メディエーションの中でのスクールロイヤーとの協働

話し合い（メディエーション）に至るまでは、SLや他の法律家の関与がなかった事案でも、話し合いの中で法律的な助言が必要なケースもでてくると思われる。話し合いでの合意にはならず、損害賠償請求という形での請求に転換されることは珍しくない。

ADR法では、弁護士以外（認定司法書士を除く）が和解の仲介者（メディエーター）となるときには、弁護士の助言措置が設けられている。教育メディエーターが実施するメディエーションにおいても、ADR法と同様に弁護士の助言が必要な場面は出てくると思われる。

助言の方法としては、話し合いに入る前に、あらかじめ事案の概要をSLに知らせて、法律的に問題点となり得る点を検討し助言を求める方法と、話し合い開始後に法律的問題点が出てきた場合に助言を求める方法が考えられる。

いずれにしろ、普段から教育メディエーターとSLの（守秘義務に配慮した）情報のやりとりなどを通して関係性を構築していくことが重要だと思われる。

2．スクールロイヤーの業務の中での教育メディエーターの役割

SLは学校から相談を受け、対応策を検討するが、学校と保護者の関係性が悪化して話ができない場合など、解決するためには学校以外の当事者である保護者や子どもに事情を聞いたり説明を求めたりする必要がある場合がある。しかし、SLは本章1節のように、直接当事者に会うことは望ましくない。

そのような場合、教育メディエーターが、当事者と話をすることが考えられる。教育メディエーターは、紛争に介入して両当事者から話を聞くことに慣れているので、紛争の相手方への接し方も心得ている。また、話を聞く専

門家でもある。関係者や相手方から話を聞いて、SL に報告することで問題は解決に向かう手助けになる可能性は高い。

　以上はほんの一例に過ぎないが、教育メディエーターと SL が協働することによって、お互いの役割が明確になり、教育現場での紛争解決に役立つと思われる。

（安藤信明）

第11章　外国における紛争解決と子どもの権利擁護制度 —アメリカとスウェーデンの実践事例

Ⅰ　NPO法人「ニューヨーク子どもの権利アドボケイト」の活動

【1】米国における子どもの権利保障のしくみと大都市の子どもの実態

　米国における子どもの権利保障のしくみには、いくつかの特徴がある。第一に、公教育事業は州政府の責任であること。合衆国憲法第10修正により、公教育事業は連邦政府ではなく州の責任とみなされている。したがって、連邦政府は子どもの権利条約に署名はしても、批准はしていない。ただ、連邦政府は、合衆国憲法第14修正により、差別や不平等に打ちひしがれている子どもを支援するため連邦教育補助金政策を展開している。1965年の「初等中等教育法」（タイトルⅠ）を引き継いだ「すべての子どもが成功する法」（2015年）や「個別障害者教育法」（1990年）などがそれである。

　第二に、各州は、州内を学区（教育自治体）に分け、公選制（一部任命制）の学区教育委員会を設置し、これに学校管理運営権を大幅に委任している⁽¹⁾。約1万3000余の学区の多くは、教育税（財産税）を課し財政的にも独立している。特別な援助を必要とする子どもが集中している大都市の公立学校の条件整備は、財源不足から劣悪である。

　第三に、子どもの権利保障に責任を負っている学区教育委員会は、20世紀末以降、教育財源の増額提案が否決されることもしばしばあり、学校の統廃合に追い込まれる事態も起きている。大都市には、公立学校数に匹敵する私立（宗派）学校があり、小学校だけでも私立学校に通わせたい親も多く、授業料と教育税の両方を負担することへの反発が、納税者の「反乱」の理由の

一つになっている。

　第四に、米国では、子どもを養育する権利と自由は親にあるとする考え方が非常に強い。合衆国最高裁のヨーダー事件判決にみられるように、宗教的理由によりある学年以上へは子どもを就学させないことが、親の自由として容認されている（Wisconsin v. Yoder, 406 U.S. 205, 1972）。この時、「親の自由を否認して、子どもの人権を子どもに代わって確保するのが国の責務」としたW. ダグラス裁判官の意見は、少数意見として退けられている。

　第五に、それでも1960年代の公民権運動以降、いち早く、子どもの権利保障の道を切り拓いてきたのも米国である。その先駆となったのが、連邦最高裁のティンカー事件判決（Tinker v. Des Moines Independent Community School District, 393 U. S. 503, 1969）である。高校生 J. ティンカー等は、家族と話し合って、ヴェトナム戦争に抗議する意思表示として、黒い腕章をして登校した。これに対し校長は、一方的に、その喪章を取り外すまで停学処分とした。連邦最高裁は「憲法上の生徒の権利は校門で捨て去られない」とし、その意思表示が授業に支障をきたすわけでもなく、他の生徒の権利を侵害していない以上、たとえ児童生徒であっても合衆国憲法第 1 修正の表現の自由は奪われず、学校当局や教育委員会がかかる意思表示を禁止することは許されないとした。このことは、これまでの親代わり（in loco parentis）の理論により、学校は親に代わって子どもを保護し教育する限りでは、子どもの自由が奪われても人権侵害にはあたらないとしてきた伝統的パターナリズム（家族主義的統治）との決別を意味している。また、「教職員は生徒に対して絶対的権威を持たず、生徒は学校のなかにおいても合衆国憲法の下における人（person）であり、基本的人権を有する。生徒の言論を規制する憲法上妥当な理由を特定して示さない限り、生徒は自分の考えを表明する自由を保障される」と判示した。これ以降、各学区教育委員会は、教育委員会規則や教育政策集を全面的に見直し、生徒懲戒、生徒参加、麻薬捜査、所持品検査、妊娠中の生徒の支援、生徒記録へのアクセス等、子どもの権利を細密に法定していっ

た[2]。

　1971年には、合衆国憲法第26修正により、18歳選挙権が確立された。これを契機に、子ども代表として高校生が（準）教育委員として加わるようになってきている。校長の選考・評価を行う中等学校の学校協議会には、親・保護者（以下、「親」と略す）とともに生徒代表が参加している。しかし、ドロップアウトする生徒たちにとっては、意見表明どころではない現実があり、彼らにはさらに特別な保護や救済が必要であった。

　貧困と失業問題が、子ども・青年に与えている影響は計り知れない。麻薬によって身も心もぼろぼろの青年、ギャングの抗争による殺人事件、10代で子をもつ母親たちの自殺、高い乳幼児死亡率。子どもたちは死を身近に感じ怯えながら、それでもたくましく生きている。大都市の伸びゆく摩天楼の華やかさの陰に、もう一つのアメリカがある。豊かな人間関係のなかで、夢と希望が育まれるはずの子ども時代が彼らにはない。荒涼とした地域から、貧困家庭の足下から、子ども時代は奪われ、崩されているのである[3]。

【2】「ニューヨーク子どもの権利アドボケイト」の組織と活動

　ニューヨーク市は、109万人の幼・小・中・高校生が学ぶ米国最大の学区である。うち障害児が21%、貧困家庭の子どもが73%を占めており、ホームレスで避難施設（シェルター）から通っている子どもも3万人いる（2020年）。白人は14.8%まで減少し、非白人の児童生徒の内訳はヒスパニック系40.8%、黒人24.7%、アジア系16.5%などとなっている。

１．AFCNY のミッションと活動の４本柱

　NPO法人 AFCNY（Advocates for Children of New York「ニューヨーク子どもの権利アドボケイト（擁護者）」https:///www.advocatesforchildren.org）は、ティンカー事件判決の２年後、1971年に設立され、50周年を迎えている。AFCNY は以下の４つの柱で、相互に連携し活動を展開している。

　第一に、法的弱者、差別被害者である子どもの保護、救済に向け、家族に対する無償の助言及び子どもの代理人になり、学校や市教育局とかけあい支援にあたっている。

　第二に、親や地域住民、教職員などに対して、無償の研修やワークショップを開催している。子どもの権利保障に向けてはまず、親が子どもを養育する能力、とりわけ学校をはじめ社会的な様々な支援のリソースを活用する能力を育てる研修活動を重視している。

　第三に、危機に瀕している子どもたちを保護、救済するだけでなく、以下のような教育プログラムを開発し、教育政策の提言とその実施に協力している（Policy Advocacy）：１．低所得家庭の子ども、非白人の子ども、障害児、英語補習プログラム参加者などのための教育プログラム／２．人種や障害による差別的生徒懲戒を減らし、学校生活を継続可能にする積極的な支援／３．ホームレスで収容施設に保護された子どもたちが、同じ学校に通えるようにする支援／４．標準学力テスト成績に拘らず高卒資格がとれる代替コースの開発／５．英語が分からない親や障害児を養育している親が、学校教育に実質的に関われるようにする親のエンパワメント／６．伝統的な近隣学校とチャータースクールとの間にある生徒に対する差別をなくす政策等々。

　第四に、質の高い教育を確保するため、訴訟など有効な法的手段に訴える活動も展開している（Impact Litigation）。ごく最近の取組みとして、コロナ禍における特殊教育の緊急改善策を求めて、集団訴訟を起こした。AFCNYは、市教育局が遠隔授業の時間帯において、すべての子どもたちに無償で適正な教育（adequate education）を提供することに失敗しているとして、ニューヨーク市教育局に対して、遠隔授業の間に障害児が被った教育サービスの不備を補償することを求めている（Z.Q. v. New York City Department of Education）。

２．AFCNYの専従スタッフ、理事会、財源

　弁護士K.スィート所長のもとに、約50名の専従スタッフがいる。親支援、移民支援、幼児教育、障害児教育、高校生の職業準備など、専門の知識と技術を有する、子どもの代弁者であり、専任の弁護士も10余名を擁している。女性が87％を占め、人種構成も多様である。障害者が19％、家族に障害を抱えるスタッフも半数おり、経済的困窮家庭のスタッフも56％を占め、NPO法人自らが積極的に差別解消を推し進める姿勢を明確にしている。

　理事会は、世界展開の金融グループであるモルガン・スタンレーから理事長、NBCユニバーサルから副理事長を迎え、ニューヨーク市に本拠を置く巨大企業等からの15名で構成されている。AFCNYの活動は、個人や企業等からの寄付金と市・州・連邦政府からの補助金で賄われている。寄付金・補助金総額672万ドル（7億5000万円）のうち、約30％の203万ドルがニューヨーク州教育局98万ドル、連邦教育省68万ドルなどの政府補助金である（2018年度決算）。このことは、AFCNYは政府機関ではないけれども、その活動の公共性（権利性や共同性）、ことに弁護士の公益弁護活動は高く評価されていることを示している。

【3】AFCNYの支援活動の実際―障害児の学習権保障を事例として

１．特殊教育の実施過程における支援活動

　「個別障害者教育法」（1975年法の1990年修正法）のもとで、特殊教育は、3歳から21歳の者を対象に、各教育委員会が実施している。ニューヨーク市の場合、特殊教育を受ける手続きは、以下の4ステップからなっている[4]。

　第一ステップは、特殊教育サービスを親が請求したり、学校からの提案に同意する過程である。第二ステップでは、子どもは障害の疑いのあるあらゆる分野について、評価、診断を受ける。生育歴、IQを含む知能テスト、授業中の行動観察なども含まれる。第三ステップでは、個別教育プログラム（Individual Educational Program, IEP）を作成する。まず、IEP開発チームが

親を含めて組織される。特殊教育の教師、普通学級の教師、評価結果を説明
できる臨床心理士、教育局の代表で編成され、これに親が同席を希望する者
も参加できる。IEP プログラムは、測定可能な年間教育目標、普通学級に参
加する頻度、進級基準、高校卒業後の社会生活に向けた移行計画などを含む
こととしている。第四ステップは、通学場所と教育サービスの確定である。

　こうした一連の過程で、IEP の内容や従来のものを変更することに同意で
きない場合は、まずは、裁判によらない紛争解決手続きとして、調停（medi-
ation）の機会がある。これで合意が成立しなかった場合は、市教育局に不服
申し立てをする。その場合でも、不服申し立てから15日以内に、問題解決に
向けた会議（Resolution Session）を開く。この会議でも合意できない場合は、
ヒアリング（聴聞会）にすすむことになる。聴聞会の判定者（Hearing Officer）
は市教育局の職員ではなく、独立しており、30日以内に決定を下す。それで
も、決定に不服がある場合は、裁判所に上訴することになる。AFCNY は、
これらのすべての過程に、親と子どもを代弁して付き添うなど、子どもが最
も適切な特殊教育を受けることができるように援助している。

2．障害児教育における調停活動

　「個別障害者教育法」でも定めている「調停」とは、特殊教育の導入にお
いて、親と市教育局との間に起こった対立や不一致を解決する一つの方法で
ある。当該子どもの IEP の問題点を話し合い、合意をめざす対話的プログ
ラムである。調停は、中立的第三者のメディエーターの存在という点で、他
のタイプの面談や交渉による合意とは異なる。メディエーターは、調停専門
の協会より派遣され、教育局の職員ではない。メディエーターの役割は、合
意に至るように、両者を支援することにある。調停は、司法における手続き
として公正なヒアリングのように、話し合う者の間で、どちらかが何かを命
ずることになるのではない。調停において両者は、それぞれがボランタリー
で何かをすることのみが求められる。学校と当該家族との間のコミュニケー

ションのなかで、改善、合意の可能性を追求する。調停の場では、親だけでなく、保護者や子どもを代弁し、抱えている問題に精通している専門職に同席してもらうことができる。結局、調停に参加できるのは、保護者、生徒（中高校生以上）、代弁者、学校代表、教育局の職員それにメディエーターである。合意できた場合は、特殊教育委員会（市内10箇所）もしくは IEP 開発チームが再招集され、合意内容を反映した IEP に変更、修正される。

【4】 AFCNY の組織及び活動の特徴と日本への示唆

1．大都市の政府機能を補完する独立した非営利法人

　1970年代以降、連邦政府は、福祉、社会保障費を大幅にカットする一方で、不平等や差別をなくすための連邦教育補助金政策のなかで、貧困家庭の子どもや障害者を支援している NPO などの非政府組織などにも補助金を配分していった。これにより、弱者に寄り添って、判例を含む実定法や衡平法（equity）をもって、不平等に立ち向かう弁護士たちのアドボケイト団体が続々と生まれてきた。今世紀にはいると、公教育事業を誰がやるかという教育ガバナンス改革のなかでも、政府組織ではないアドボケイト集団が位置づけられていった。大幅減税の恩恵に浴している富裕層もまた、1960年代のような暴動が繰り返されないように、格差社会の最底辺で都市社会を支える人々に対する支援には理解を示した。こうして、AFCNY は、とりわけ貧困家庭の子どもに対する教育支援活動の重要な一端を担い発展してきているのである(5)。

2．対話による創造的解決を重視

　AFCNY は、裁判によらず、学校で教職員と信頼関係を築き、市教育局の支援を引き出すような話し合いによる紛争解決手段で、子どもと親の支援にあたっている。これには、1970年代の学校現場の法化（リーガリゼーション）に対する反省がある。聴聞の機会を保障し手続きさえ踏めば懲戒処分が

正統化される風潮のなかで、生徒に寄り添った教育の質的向上が軽視されていた。特殊教育における IEP の決定手続きの適正化は、障害児の学習権保障、すなわち特殊教育の内容と質に深くかかわっている。親と担当教職員さらには市教育局による協力協同の学習環境と教育内容を創造していくためには、裁判よりも対話による解決が望ましいとされている。

3．親支援を重視―ケース会議への親参加

　子どもの養育と発達の第一義的責任は親にあり、この親を援助するのが政府（自治体、国）であり、NPO などの新しい社会組織である、というのがAFCNY の基本的スタンスである。これは、子どもの権利条約第18条「親の第一義的養育責任と国の援助」と同じ考え方である。したがって、AFCNYの専門職スタッフが子どもの代弁者として活動する際には、必ず養育者である親の同意と協力を得るとともに、親自身が、家庭でも学校でも子どもの養育、発達に責任を果たし、学校統治へ参加できるようになることを目指している。

　ニューヨーク市には、親参加の学校運営のしくみが幾重にもある。学校毎の学校リーダーシップ委員会は、教職員と同数の親（中等学校は生徒代表を含む）で組織されている。校長選考過程にも、親参加は市教育長規則 C－30で法定されている。タイトルＩ連邦教育補助金の各学校での使途については、親参加のタイトルＩ委員会がある。さらに、2003年以降、家庭訪問し親との対話を重視したアウトリーチ型の親支援コーディネーターを学校毎に配置している。

　日本の学校のケース会議では、米国と異なり、当事者である子どもの親の参加はまれである。親自身が子どもの最善の利益を優先して養育し、学校にかかわっていく力を高めていくためには、ケース会議への当該親の参加を保障するなど、親支援も不可欠のように思われる。

4．教育政策提言活動

　AFCNYは、教育プログラムの開発や教育政策提言にも積極的にかかわっている。現行の教育施策ではニューヨーク市の子どもの最善の利益を保障できないとの認識で市教育局との間で一致できたときは、市教育局のパートナーとして、ニューヨーク市独自の子ども支援プログラムや政策を開発している。ニューヨークの子どもにとって平等で公正な教育の保障を、教職員や教育委員会と共に探究している。

　日本のスクールロイヤー（以下、SL）も、子どもの権利条約をはじめ、いじめや不登校、経済的困窮家庭の子どもの支援にかかわる法律や政策文書などを解釈し、学校や教職員を支援している。ところが、例えば、学校運営や教育財政上の問題点が浮かび上がっても、教育委員会に助言することまではSLの制度設計には組みこまれていない。近い将来、それぞれの自治体のSLやSSWrなどの子ども支援の専門職集団が、地域の特性に見合った弱者に対する教育プログラムの改善や教育政策の見直しを、教職員と共に提言できるようなしくみを設けるなど、SL制度を拡充し、自治体独自の教育自治立法（条例制定）能力を高めていくことも期待される。

5．子どもが学校運営委員会などに直接参加する仕組み

　米国の子どもたちは、生徒会（student government）を通して、あるいは一人ひとりが学校運営委員会や教育委員会の会議で堂々と発言している。日本の場合は、子どもが学校づくりに参加する機会があまりにも少ない。2021年6月、文科省は、初めて生徒参加による校則改正を促す通知を出した。新しい高校の学習指導要領でも「主権者教育」がクローズアップされている。設置が努力義務化された学校運営協議会に生徒代表の参加を加えるなど、子ども参加のあり方を抜本的に見直す時期に来ているように思われる。

（坪井由実）

注

（1）ニューヨーク市学区では、2002年の改革で市教育委員会は市教育政策委員会となり、これまで市教育委員会が有していた法人格は、市長と市長任命の教育長が統括する市教育局に暫定的に移行している。州議会は市教育委員会の「復権」を促しているが、実現していない。

（2）ロサンゼルス学区の "Student Rights and Responsibilities"（抄訳）は、坪井由実『アメリカ都市教育委員会制度の改革－分権化政策と教育自治』勁草書房、1998年、360-362頁参照。

（3）　Diane Ravitch, Deborah Meier et al., *NYC Schools Under Bloomberg and Klein: What Parents, Teachers, and Policymakers Need to Know*, Lulu, 2009／LeAlan Jones and Lloyd Newman, *Our America: Life and Death on the South Side of Chicago*, Scribner, 1997.

（4）　AFCNY, *AFC's Guide to Special Education*, 2016／NY Peace Institute, *Special Education Mediation Guidelines & Procedures*, 2011. 後者を編集しているNYピース協会は、ニューヨーク市の様々な紛争の調停を通して地域平和の構築に貢献している。IEPをめぐる紛争の調停だけでも、年間130件にかかわっている。NY Peace Institute, *Annual Report* 2017-2018, p. 7.

　　なお、生徒懲戒やいじめについては下記の資料が参考になる：*AFC's Guide to School Discipline*, 2020／*AFC's Guide to Preventing & Addressing Bullying*, 2017. また、カリフォルニア州の事例については、松原信継「米国における教育ADRの実態と課題」科研成果報告書『日本の教育ADRの構築に向けたADR先行領域の研究』2016年参照。

（5）法人格を有する米国の学区教育委員会には、教職員組合対応の弁護士もいる。ニューヨーク市教員組合（United Federation of Teachers, UFA）は、1962年以降、市教育委員会と労働協約を締結し、学級規模などあらゆる労働条件について協定を結んでいる。また、現在の労働協約（2019-2022年）に加えて、例えば、コロナ禍における労働条件などについては、別途詳細に協定を結んでいる。こうした労働協約は、校長等管理職組合やSSWrなどの教育関係専門職ごとに締結されている。1970年代以降、教育委員会雇用ないし契約の法務担当の学校弁護士（school attorney）は、教職員組合対応のなかで増えてきており、子どもの人権擁護を掲げたAFCNYの弁護士とは、その出自も教育局との関係も異にしている。

Ⅱ　スウェーデンにおける児童生徒オンビュード（BEO）と子どもの権利保障

【1】子どもの権利保障への国家の関与

　スウェーデンは人口1,000万人強の北欧の大国である。同国の統治システムは、一つの中央政府、20のランスティング（県）と約290のコミューン（基礎自治体）から成り立つが、教育は、基本的にコミューンの業務であり、コミューン・デモクラシーと呼ばれる「意思決定を可能な限り住民の近くに置く」という歴史的伝統の中に位置づいている。教育統治におけるこの分権と自治の尊重は、前節のアメリカ合衆国と同様であるが、両国の間には大きな違いがある。それは、社会民主党政権の下で培われてきた「国民の家」構想がスウェーデン社会に与えた影響の大きさである。「国民の家」構想とは、人生のあらゆる段階で国家が“良き父”として人々の要求・必要を包括的に規制・統制・調整する“家”の機能を演じるような社会のあり方を言い[1]、この考え方が、同国におけるコミューンの孤立を防ぎ、社会的連帯をつくり出す一方で、教育への国家の一定の関与を認める要因ともなっている。本節で論ずる「子どもの権利」を国家が保障するシステムの在り方も、このような文脈のなかでつくられてきたものと言える。

　スウェーデンは、『子どもの権利条約』の成立にも貢献し、同条約が国連で採択された翌年（1990年）にこれを批准したことに見られるように、「子どもの権利」には高い関心をもつ国であった。1993年には、同条約が国内でまもられているかどうかを監視するための「子どもオンブズマン Barnom-budsman：BO」を発足させ、それ以来、国家レベルでこの条約の遵守に取り組んできた[2]。実際、同国では、教育関係の基本法である学校教育法をはじめ、様々な法律が『子どもの権利条約』を踏まえて制定、あるいは、改

定されているが、今日なお、精力的に同条約の法律化の試みが続けられていることは驚嘆に値する。さらに言えば、この国では、法律だけでなく、各コミューンで実施されている共通カリキュラム―日本で言えば「学習指導要領」レベル―も、『子どもの権利条約』をベースに作られているのである。

【2】児童生徒オンビュード（BEO）による子どもの権利保障システム

上述の「子どもオンブズマン」についての考察は他の機会に譲り、本節では、同国の教育分野におけるもう一つのオンブズである「児童生徒オンビュード」（Barn-och elevombudet）について述べたい[3]。この組織は、独立性を保ちつつも、国家学校監察団（Skolinspektionen）の一部門として位置づいているため、まずは、この学校監察団がどのような機関であるかを簡単に紹介することにしたい。

1. 国家学校監察団の活動と権限

国家学校監察団（以下、学校監察団と称する）は、スウェーデン国内のすべての学校の定期的監察と児童生徒に関わる苦情（complaint）の調査などの権限をもつ国家機関である。その法的根拠は同国の学校教育法のなかにある。組織は約400人の構成員から成り立ち、そのうちの300人ほどが実際に学校を回る学校監察官（学校インスペクター）と呼ばれる人々である。そのメンバーには、校長や教師もいるが、法律家が多いことが大きな特色となっている。なぜなら、監察の仕事の重要な部分は法律に関わることであり、法律の解読が必要とされているからである。また、職務の一つである苦情（complaint）の対応についても法律家が強い力を発揮すると言われている。学校監察団の第一のミッションは、学校の責任者が学校に適用される法律や規則に従うことを、より確かなものにすることである。具体的に言えば、次の4つがその仕事内容であるとされる[4]。

①すべての子どもは安全な環境のなかで良い教育を受ける権利を持っており、

できる限り知識的な目標に到達する権利がある。学校監察団の目的は、そのような子どもの権利の実現を図ることにある。

②教育の目標の達成、規則の完全な実施、活動の発展に貢献すること。より高い国家の教育水準の確保に貢献すること。

③法律及びその他の指針文書が完全に履行されているかを査察管理すること。

④学校に関わる規則の枠のなかで助言と指導を与えること。

　このように、学校監察団の仕事には、目標管理という側面と子どもの人権保障および法令遵守を通した国家的平等性の確保という二面性があるが、筆者が、この学校監察団のほか、地方教育行政機関、学校の関係者等からヒアリング調査を行ったとき（2014年12月）の印象を述べるならば、同国の監察の性格は、英国などと比較して、後者の面が強いものであったと言える。すなわち、学校監察団の仕事の第一は、「学校の教育が、人権や基本的な民主的価値への尊敬を伝え、支えているかどうか」を監察することにあるのである(5)。

　一方、この学校監察団の活動に対する学校現場の反応、特に学校長の声は興味深い。ストックホルムから車で30分ほどの郊外にあるソレンツーナ市の公立小中学校 Haggvikskolan の校長 Tapio Liimatainen 氏は筆者に次のように語ってくれた。

　「学校監察団からは非常に厳しい批判を受ける。このインスペクション（監査）は、教育学の見地からなされるものではなく、あくまで法律学的見地からなされている。もし監査を行うとするならば、学校のクオリティの発達を促すような教育的なインスペクションが必要である。」 そして、以下のように続けた。

　「学校を監察することに私は批判的であるが、子どもの権利をまもるという意味では必要であり、オンビュード（オンブズマン）のようなインスペクション自体は活動として好ましい。スウェーデンでは、子どもたちは、就学

前教育の段階から人間どうしの平等と民主主義を学んでおり、民主主義を根底において教育を行っている。その流れから逸脱してはならない。」

　同じ市にある小学校 Rosjoskolan の校長 Mikael Gustafsson 氏も、学校監察に関して次のように筆者に話してくれた。

　「学校監察団からは 3 年前に監察を受けた。子どもたちについて、男女を同等に扱うように要請された。そして、どうするのかは自分たちで考えて下さいと言われる。すべてのことについてこの通りである。」

　この二人の校長の発言から読み取れることは、子どもたちの権利や平等をまもるために監察は必要だが、その方法が、あまりにも "法律主義" 的で "非教育学" 的なところに強い不満があるという事実である。わが国のスクールロイヤーの活動を考える際にも参考になるように思われる。

2．児童生徒オンビュード（BEO）の活動と権限

　スウェーデンの学校教育法（Skollag 2010年法）は、義務教育（基礎学校）や高等学校、成人教育、特殊学校のみならず、就学前教育や 6 歳児学級（pre-school）、学童保育を含み、私立学校も規定する包括的な法律である。そして、その第 6 章には、いじめを含む「侵害的な取扱いに対する措置」が規定されており、「児童生徒オンビュード」（Barn-och elevombudet、以下、BEO と称する）は、この章を拠り所として活動するオンブズパーソンである。わが国で言えば、教育基本法と学校教育法を合わせたような最重要の法律のなかで、学校教育は民主主義的価値と個人の人権に基づき実施されなければならないことを定め（同法第 1 章 5 条）、子どもへの侵害的行為を禁ずる規定を置き（同法第 6 章 9 条）、それを監視する機関の活動と権限を詳細に定めておく（同法第 6 章10条以下）やり方は、いかにもこの国らしいと言えよう。付言すれば、この「侵害的な行為」のなかには、生徒間の行為だけでなく、生徒に対する教員を含むスタッフの行為も含まれる。

　この BEO は2006年 4 月に設立され、その任期は 6 年間で国会から直接に

任命される。オフィスには19人のスタッフがいるが、そのほとんどは法律家（legal advisors）である。後に述べる筆者がインタビューした Ylva hielte 氏もそうであった。スタッフが教育関係者や研究者、医師等ではなく、法律家であるという点に、同国の BEO の性格がよくあらわれていると言える。

　BEO の職務を具体的に述べれば、①侵害の取扱いに関する個人の不満の訴えを調査すること、②裁判所で民事の損害賠償を提訴すること、③他の政府機関等と協働すること、④法律（学校教育法第6章）をどのように適用するのか関係機関に知らせることである。子どもへの侵害的取扱いがあった場合には、BEO に直接訴えて調査を求めることもできるが、通常はいきなり BEO が調査に入るわけではない。学校への苦情の場合も同様であるが、一般的には、〔親・保護者⇒学校内の不服申立担当者⇒校長・園長によるコミューンの運営者への報告⇒コミューンの運営者による調査〕というプロセスをとる。この運営者の調査に不満がある場合に BEO に訴えるケースが多い。先にも述べたように、児童生徒に関わる苦情（complaint）に関しては、学校監察団も調査権限をもっている。

　さて、学校における侵害的取扱いが BEO に寄せられたときはどのような対応をとるのか。先の Ylva 氏は、これを "ゼロトレランス" での扱いと表現し、それが教職員による侵害であればなおさらであると述べた。氏が使用したこの "ゼロトレランス" という言葉は、筆者にとって大変印象的であった。なぜなら、アメリカの場合は、非行をした子どもを処罰するに際してこの語句が使用されるのに対し、スウェーデンでは、子どもをまもるためにこの言葉が使われているからである。「いじめや教師の暴言等は生徒の学ぶ価値を犯し、その権利を侵害するがゆえに絶対に許されない」と語る Ylva 氏の語調には大変厳しいものがあった。もちろん、調査結果によっては「非難に該当せず」（no criticism）となる場合もあるが、BEO は全件調査主義を取っており、調査を始める段階で学校や教員への "配慮" が入り込む余地はまったくない。

この BEO は、調査を行った後、主として次の四つのタイプの決定を行う。①非難に該当せず（no criticism）、②注意（観察）ないし軽い非難（remark or mild criticism）、③差し止め命令（injunction）、④損害賠償（罰金）を伴う差し止め命令（injunction with damages）。「非難に該当せず」とは、例えば学校スタッフの場合であれば、調査の結果、それが生徒を諭すための規律的方法であって、法規に適合していたことが判明したような場合である。④の損害賠償に関しては、その金額などをめぐってしばしば紛争化するが、BEO は当該子どもに代わって訴えを起こし（同法第6章15条）、相手方であるコミューンの運営者と争うこともしばしばある(6)。この点において、BEO は子どもの代理人なのであり、スウェーデン語に言う"オンビュード ombudet"なのである。

BEO への訴えの数は、制度が発足した2006年度には389件であったが、筆者が訪問した前年度である2013年度には1,175件と大幅にその件数を増やしている。Robin Lapidus 氏（学校監察団・コミュニケーション部門長）と Ylva 氏（BEO スタッフ）のお話しによれば、「BEO の設立によって学校において侵害的取扱いがより少なくなったかどうかを言うにはまだ早い」が、校長や学校スタッフが「法律をまもり、子どもの権利を自覚する傾向は増大してきている」とのことであった。このとき Robin 氏は"awareness"という語句を用いたが、この言葉からは、学校スタッフに子どもの権利について"気づいて"ほしいという願いが読み取れる。また、すでに述べたように、同国における法律は『子どもの権利条約』をベースにつくられており、「法律をまもる」ことは、すなわち、子どもの権利を意識することでもある。両氏の発言や数字から見る限り、BEO は、その目的に照らし、一定の成果を上げていると言ってよいだろう。

【3】 スウェーデンの子どもの権利保障制度から見えてくること
　　　　─日本のスクールロイヤー制度への示唆

　学校監察団と BEO を本節で取り上げた理由は、いじめをはじめとする学校での侵害行為に対し、国家機関が直接に関与することで「子どもの権利」をまもる仕組みをもつ国があることを示したいがためであった。スウェーデンは、アメリカとは異なり、基本的に親の権利保障を通して子どもの権利をまもるという形はとらず、国家が直接に子どもの人権をまもる制度をつくっている。つまり、「国─親─子ども」ではなく、「国─子ども」という構図になっている。損害賠償紛争においても、学校監察団は、園児または児童・生徒の承認を得て、これに代わって訴えを提起できるが、16歳以上の子どもの場合には保護者の同意も必要とされない（ただし、裁判には保護者の同意が必要）。このように、子どもは、親以上に国家がまもるという点にスウェーデンの大きな特色が見られるのである[7]。

　本節で述べてきた BEO の活動をまとめておきたい。

① BEO は、学校や教育行政機関のためにあるのではなく、子どものためにある。

②スタッフは法律家が中心である。

③調査及び措置、訴訟等により子どもの権利の救済を図る。相談活動や調整・調停活動は行わない。

④あくまで一人ひとりの子どもに対する個別救済（対応）が目的である。学校経営には関わらない。

⑤訴訟も躊躇せず、積極的にこれを担う。

　このように、BEO の活動は、学校や教員への「助言」というレベルを超えた、国家機関による強権的な介入であり、ときに子どもの代理人として裁判も辞さないような"法律主義"的な性格を色濃く帯びたものであった。そ

の介入手法は教育福祉的なソーシャルワーク的なものとは言えず、活動目的についても、日本の子どもの権利条例をもつ自治体が行っているような子どものエンパワメントの要素は必ずしも強くなく、権利侵害の一刻も早い除去を求めるものである[8]。もとより、筆者は、こうしたスウェーデンモデルをそのままわが国にあてはめることを主張するものではなく、同国とも対比しつつ、わが国に最も適した制度をつくることを論ずるものである。しかし、また、同時に言えることは、法律の専門家が学校や教育に関与していくことが避けられないという世界的な状況の下、これから新しい制度をつくり上げていくにあたっては、これに関わる法律家の職務範囲から「子どもの権利」保障が抜け落ちることはあり得ないという事実である。スウェーデンのみならず、基本的に欧米各国はなんらかの子どもの権利保障制度をもっているが、わが国においては、上に述べた子どもの権利条例等に基づく子どもの権利擁護機関の活動以外に子どもの権利を直接にまもるシステムがない。スウェーデンと同じく『子どもの権利条約』を批准しながら、いまだに権利侵害から子どもをまもるための国家的仕組みがつくられていないわが国において、BEOとは異なる形ではあっても、スクールロイヤーの果たすべき役割は非常に大きいと言うことができよう。

（松原信継）

注
（1）岡沢憲芙『スウェーデンの政治―実験国家の合意形成型政治』東京大学出版会、2009年、73頁。
（2）子どもオンブズマン法によれば、子どもオンブズマンの仕事は以下の通りである。
　「（2条）子どもオンブズマンは、たゆみなく条約の実施を奨励しかつ条約の遵守を監視する。
　（3条）子どもオンブズマン事務所は、その所掌業務の範囲内で次のことを行なう。
　１．政府に対し、子どもおよび青年の権利および利益に対応するために必要な法

改正その他の措置を提案すること。」(2002年改正法／平野裕二氏訳)

（3）スウェーデンには、さらにもう一つ、2008年に制定された差別禁止法 Diskrim-ineringslag に関わる差別禁止オンブズマン（DO、2009年設置）がある。

（4）筆者の「国家学校監察団」訪問時（2014年12月）の Robin Lapidus 氏（コミュニケーション部門長）へのインタビュー及び提供資料より。

（5）同上インタビュー及び資料。

（6）スウェーデンにはコミューンの設立する学校以外に独立学校（independent school）がある。独立学校の場合、訴えの相手方は理事会（board of independent school）となる。

（7）この事実により、教育に関わる親支援の NPO 活動もアメリカほど活発とは言えない。NPO やボランティア活動に関して言えば、スウェーデンでは、教育や福祉のようなヒューマンサービスの提供は基本的に公的機関（有給の専門職）が行うという考え方があり、サービス提供そのものにボランティア組織が関わる割合は小さい。もちろん、NPO は存在するが、その性格はアメリカとは相当に異なっている。

（8）自治体で子どもの権利擁護委員を務めた筆者の経験によれば、子どもの権利の侵害に対して、ソーシャルワーク的手法は有効である。しかし、強権的な介入の方が適切なときもあった。また、擁護委員会から出される「勧告」についても、子どものエンパワメントを前提に、関係機関に対して"ゼロトレランス"で臨まなければならないこともあった。そこにこそ「勧告」の意味もあろう。

2021年12月
『子どもの権利をまもるスクールロイヤー：子ども・保護者・教職員とつくる安心できる学校』
著者を代表して、松原信継・間宮静香・伊藤健治

「８つの提言」―私たちが考えるスクールロイヤー制度の在り方

提言１　スクールロイヤー制度の目的は、子どもの権利保障と最善の利益の
　　　　実現であること

提言２　子どもの最善の利益をはかるためには、子ども自身の声を聴かなけ
　　　　ればならないこと

提言３　スクールロイヤー活動は、法的な視点に立って"子どもを支援する
　　　　関係づくり"を促すものであること

提言４　スクールロイヤーが学校から直接に相談を受ける仕組みづくりが必
　　　　要であること

提言５　学校ケース会議等へのスクールロイヤーの参加を通して、子ども支
　　　　援のための「チーム学校」を実現すること

提言６　スクールロイヤーの導入が、教職員の専門職性の発揮・向上と民主
　　　　的な職場環境の実現につながっていくこと

提言７　スクールロイヤー制度を他の制度と連携させ、子どもの権利保障の
　　　　仕組みを厚くすること

提言８　スクールロイヤーには「独立性」が保障されていなければならない
　　　　こと

提言1 スクールロイヤー制度の目的は、子どもの権利保障と最善の利益の実現であること

　弁護士法第1条1項には、弁護士は「基本的人権を擁護し、社会正義を実現することを使命とする」と記されています。これに基づけば、スクールロイヤー（以下、SL）は、まず第一に、学校という場からあらゆる種類の人権侵害をなくしていくことが、その使命であり、役割であると言えます。とりわけ、学校においては、子どもに対する権利侵害を防ぐとともに、子どもの権利を保障し、その最善の利益を実現していくことが求められています。確かに、今日の学校や教員の負担の増大については速やかに改善される必要がありますが、それは、SL制度導入の"目的"として捉えられるべきではなく、あくまで"結果"であると私たちは考えています。実際、子どもの権利と最善の利益をベースにした関係者間の話し合いは、学校に対する保護者の不信感や不満を和らげ、結果として、保護者対応などへの教職員の負担を軽減することも多いのです。

　以上のように、たとえSLの依頼者や報酬支払者が自治体（教育委員会）であっても、その活動は子どものためになされるものでなければなりません。その点において、SLは、教育委員会や学校のために活動する顧問弁護士とは明確な差別化が必要です。

提言2 子どもの最善の利益をはかるためには、子ども自身の声を聴かなければならないこと

　さまざまな「子どもの権利」のなかでも、私たちは、特に、子どもの権利条約第12条に規定される子どもの意見表明権が重要であると考えています。なぜなら、SLがめざす子どもの最善の利益の中身は、子ども自身の声を聴かない限り、明確なものにはならないからです。とはいえ、子どもたちは簡単には自分の思いや気持ちを話してくれません。そのためには、なによりも、子どもが自分に関わる大人を信頼し、安心して自分の考えや意見を言えるよ

うな雰囲気が学校のなかに根づいている必要があります。このような、子どもの権利条約に基づく、安心、安全で、対話のある学校空間をつくり出す仕事にも SL は大いに貢献していただけるものと思います。

　一方、実際に問題が起きて紛争化してしまったとき、SL と子どもとの関係はどのように捉えればよいでしょうか。子どもの意見を聴くために、紛争時に SL がその当事者である子どもと直接会うことについては、私たちは、基本的に慎重であるべきだと考えています。それは、利益相反の問題もありますが、そのこと以上に、子どもにとって信頼すべきは、やはり日頃から接している教職員であり、本来、その人たちこそが子どもの真の声を聴きとるべき人であると思うからです。同時にまた、それこそが教職員の専門性でもあると考えるからです。この事実を踏まえれば、SL は、スクールソーシャルワーカー（以下、SSWr）やスクールカウンセラー（以下、SC）等とも協働しながら、学校関係者に対してできる限り丁寧に子どもの声を聴くように促し、子どもの最善の利益を明確なものにしていくことが大切な役割になると言えましょう。

　なお、この問題に関しては、SL をメンバーとして含む学校ケース会議等を活用することが大変有効です。これについては、後に述べます。

提言3　スクールロイヤーの活動は、法的な視点に立って"子どもを支援する関係づくり"を促すものであること

　私たちは、子どもの権利を「関係的権利」として捉えており、それは決して"対立的"ないし"敵対的"な権利ではないことを本書の中で述べてきました。子どもは、支援を受けながら自律していく存在であり、「子どもの権利」の保障も、権利と権利がぶつかり合って優劣を競うような状況のなかで可能になるのではなく、関係するすべての人々が、子どもの思いを尊重しながら、子どもを支援する輪をつくっていく働きかけのなかで実現するものであると考えています。それゆえ、SL には、法律を適用して問題を一刀両断

するような手法はできるだけ避け、教育的・福祉的なアプローチやソーシャルワーク的な手法を用いて、子どもを支援する関係づくりを法的な見地から促していくような役割を果たしていただきたいと思います。このように考えるならば、「子どもの権利」を保障する取り組みは、学校の教職員の日々の教育活動の在り方となんら矛盾するものではありません。

　また、学校運営協議会のメンバーとして、管理職以外の教員とともに SL にも加わってもらえば、子ども支援の関係づくりは大きく進展します。子どもの声を聴く機会を設けることの助言などが SL から与えられるならば、学校運営協議会の動き自体が非常に活性化するものと思われます。

提言4 スクールロイヤーが学校から直接に相談を受ける仕組みづくりが必要であること

　本書の中で述べた「スクールロイヤーに関するアンケート調査」結果によれば、事案を依頼されるプロセスに関し、約9割の SL が教育委員会（または教育事務所）からの依頼であると回答し、学校からの直接の依頼はごく少数にとどまっています。私たちは、このような教育委員会からの依頼には大きく二つの問題点があると考えています。一つは、SL に相談すべき事柄が教育委員会によって取捨選択されるような場合、その事案が SL が扱うべき法的な問題であるか否かを教育委員会が適切に判断することはかなり困難であるということです。些細な事案と思われたものの中にも、実は法的な問題が含まれていることがあります。二つ目は、その問題の改善のために、SL と教育委員会との間で協議がなされる場合、そのプロセスには時間がかかり、結果として、早期相談・早期予防の達成が難しくなってしまうことです。これらの問題を解決するためには、学校からの直接相談を基本としつつ、教育委員会を通すときも、教育委員会が案件をできるだけスクリーニングしないようにすることが大事です。また、最初の相談の申請手続きをできるだけ簡単なものにすることが必要です。これによって、上記のアンケート調査結果

に相当数あった SL の声―「問題が大きくなったり、保護者との関係が悪化する前に相談をして欲しい。」「判断に迷うことがあったら、重大なことではないから等、考えず、早め早めに相談をして頂きたい。」など―に応えることができます。〔提言末尾の**図A**参照〕

　さらに、もう一つ問題があります。SL が、教育委員会内、あるいは、法律事務所内において事案の検討を行うときは、多くの場合、学校管理職との面談を通して、管理職が持っている情報によって判断していくことになりますが、その情報は必ずしも正確な事実に基づくものとは限らないということです。SL が適切な判断をするためには、学校の管理職からだけでなく、関係する教職員なども含め、学校との情報交換を密にできるルートが望ましいと言えます。その方法として、たとえば巡回型学校訪問（定期訪問）の機会を広げていくことも考慮すべきです。実際、学校への定期訪問時の相談から"紛争の種"が見つかることも多いのです。このような定期訪問ができるなら、それに合わせて、次項に述べる学校ケース会議等を開催し、SL がそこに参加することも可能になります。

　こうした仕組みをつくるためには、十分な数の SL、しかも「教育や子どもに理解のある SL」が確保されなければなりません。国の自治体への財政的支援の増大が強く求められるところです。

提言5　学校ケース会議等へのスクールロイヤーの参加を通して、子ども支援のための「チーム学校」を実現すること

　学校で開かれる問題解決型ケース会議[1] に SL が参加し、法的助言を行うことは、子どもの権利保障や最善の利益の実現にとって大変有効な方法であると考えられます。〔末尾の**図B**(イ)①参照〕学校関係者や種々の専門家が同じ場に集い、話し合って、さまざまな視点から子どもへの支援の在り方を検討することにより、子どもの真の最善の利益も見えてきます。このような「学校ケース会議」の流れ―アセスメント、プランニング、支援の実施、効

果の検証—において SL は重要な役割を果たすことになります。一般に、学校ケース会議においては SSWr がファシリテーターとして不可欠の存在ですが、必要とされる子どもの支援に向けて、法的な助言を行いながら、周りにいる人々をつないでいく仕事においては SL も大きな力を発揮します。アンケート調査でも、SL は多職種との協力関係を強く望んでおり、特に SC や SSWr との協力関係を望むと回答した割合は 7 割を超えていました。こうした SL の要望は学校ケース会議などへの参加によって満たされるものとなるでしょう。また、アンケートでは、「チーム学校の一員としての意識があるか」という質問に対し、64％の SL が否定的な回答をしていましたが、このようなケース会議での交流を通して、SL にも「チーム学校」としての意識が喚起されることが期待されます。さらに、教育委員会のアンケート結果でも、SL 制度が有効に働くために特に必要な条件として「SL 制度についての学校の教職員の理解の促進」という回答が50％を占めていましたが、ケース会議を定着させていくことにより、SL に対する教職員の理解も深まるに違いありません。なお、このケース会議には、事案によっては慎重な吟味の上、保護者や子どもも参加することも考えられます。

　現状においても、「ケース会議などの学校内で開かれる会議に参加している」と答えた SL は、アンケート結果で全体の 6 割を超えており、SL を含む学校ケース会議を制度として定着させていくことには特別の違和感はないものと思われます。

　もっとも、現在、たくさんの担当校数を抱えている SL の実態を考えれば、毎回ではないとしても、こうした学校ケース会議に出席できる SL は決して多くはないでしょう。それゆえ、このような SL を含む学校ケース会議が開けない自治体においては、当面—SL の担当者数が十分に確保できる状態になるまで—は、教育委員会内に SL・SSWr・SC 等の各種の専門家によるサポートチームを設け[2]、そこに学校がケースを持ち込み、子どもの最善の利益を念頭に、支援の方法や問題解決を助言していくような仕組み（教育委

員会による「学校サポート会議」）をつくることが適切だと考えます。〔末尾の**図B(イ)②参照**〕 SL は、この会議のなかでも重要な役割を果たすことになります。

提言6　スクールロイヤーの導入が、教職員の専門職性の発揮・向上と民主的な職場環境の実現につながっていくこと

　本提言の1において、私たちは、SL 導入の第一の目的は子どもの権利保障と最善の利益の実現であると述べましたが、それは、決して今日の教員が直面している多忙化や過大な業務負担の問題を軽視することではありません。それらが喫緊の課題であることはよく承知しております。ただ、私たちは、SL の活動の力点の置きどころが重要であると考えています。

　例えば、先のアンケート結果では、学校に対して「こじれる前にもっと早く相談して欲しい」という SL の回答が8割近くもあり、学校への要望のうちの第一位でしたが、実は、SL への早期相談と教職員の専門職性の発揮は深く結びついています。なぜなら、早期に SL が教職員の相談にのることにより、教職員の子どもや保護者への対応、つまり教職員の専門的実践の選択幅はより広く確保できるからです。子どもや保護者あるいはその両方への教職員の聴く姿勢や言葉かけひとつとっても、専門職性を発揮した多様な対話的実践が可能でしょう。また、このところ学力テストなどによる狭義の「学力」の向上と選別が支配的になっているなかでは、問題がこじれるほど、子どもの人としての尊厳よりも、学校の教育活動に支障がないことや、生徒指導上の悪影響を避けるといった管理的視点に重きを置いた解決策になりがちです。本来の学校教育目標である子どもの「人格の全面的発達」「人権及び基本的自由に対する深い尊敬の念」（ILO・ユネスコ教員の地位勧告）などの教育的価値を追求していくためには、SL に相談し、教職員の専門職性を集団的に発揮して、同僚と子ども理解を深め、保護者との信頼関係を築いていくことが重要です。そのなかで、早期に相談があれば、より有効な子ども支援

策を示すことができ、保護者の協力も得られて、問題がよりスムーズに解決へ向かっていく可能性も生まれます。

　もとより、早めにSLに相談するためには、法律問題となる前からSLと学校スタッフが情報共有できるような体制が確保されている必要があり、具体的に言えば、先にも述べた通り、SLが学校訪問などする際に、管理職だけではなく担任や他の教職員、あるいは、SSWrなどと率直に話をして意見交換できるような職場環境がなければなりません。ところが、近年の学校組織は一層階層性を強め、職員会議の在り方一つとっても、教職員は学校のさまざまな意思決定から遠ざけられていっているような傾向があります。こうした事実は、本書の中で述べたような、子ども支援の専門職の一人として位置づく「チーム学校」像を教職員がなかなか描けない現実とも重なります。近年、福祉機能の一部がますます学校によって担われるようになっている世界的潮流のなかで、このような教職員の新しい専門職性の確立はきわめて大切な課題であると言えます。

　今回のSLの導入が、学校を官僚制組織から子ども支援の専門職組織へと転換していく一つの契機となり、SLの助言や活動を通して、教職員が専門職としての自信と自覚を強め、ひいては、子どもに関わるすべての人々が対等・平等に相互を信頼し、尊敬し合うような民主的な職場環境がつくられていくことを、私たちは願っています。

提言7　スクールロイヤー制度を他の制度と連携させ、子どもの権利保障の仕組みを厚くすること

　SL制度は子どもの権利保障を第一の目的とすべきですが、自治体の中には子どもの権利に関して別の仕組みをもつところもあり、そこではSL制度との連携が必要となります。例えば、子どもの権利条例をもっている自治体であれば、SLと子どもの権利擁護委員の連携・協働の関係は不可欠なものと言えるでしょう。また、「要保護児童対策地域協議会」（要対協）にSLが

どのように関わり得るのかも、検討される必要があります。哲学者・教育学者のJ・デューイが言うように、子どもの生活は学校と家庭、地域で切り分けられるものではありません。また、子どもの最善の利益も“場所”によって区切ることはできません。それゆえ、SLは、学校のみならず、地域や家庭にも目を注ぐ必要があります。SLの主たる職務は学校への法的助言であるとしても、例えば、要対協へ参加する学校に事前に必要なアドバイスをしておくことは可能ですし、SLから事前の助言があれば、学校もより効果的な対応ができるはずです。SLを「学校での弁護士」ではなく、「子どものための弁護士」と捉えるならば、SLには、このような地域を視野に入れた幅広い動きを期待したいと思います。

　加えて、教育紛争解決という観点からは、教育メディエーターや学校ADR等との連携も大切になります。学校現場においては、紛争が生じた場合に、SLに当事者間の調停まで関与して欲しいという強い要求があることは、本書の中で述べた通りですが、SL制度は調停プロセスまで含むことを想定しておらず、アンケート結果でも、SLのほとんどはそれに対して否定的な見解をもっています。一方、初期対応の拙さ等から関係がこじれたり、紛争化する状況は後を絶たず、学校現場の上述のような願いは真摯に受けとめられる必要があります。そのようなとき、SLと、本書で述べた教育メディエーター等がうまく連携でき、協働的に動くことができれば、目の前の子どもをめぐって対立状態にある教員と保護者などの関係性が改善の方向へ向かう可能性が生まれます。その際、教育メディエーターには、問題がこじれてしまった後の調停プロセスのみに関わるというのではなく、できる限り、初期の段階からケースマネジメントという形で問題に関与してもらえるようにしておくことが、紛争の激化を防ぐ効果的な方法であると考えられます。わが国において、米国のように教育メディエーターが活躍するまでには、その養成も含めて、今しばらく時間がかかると思われますが、SLと教育メディエーター、あるいは、子どもの意見表明権が保障された学校ADRとの連

携のシステムづくりは十分検討しておくことが必要です。

提言8　スクールロイヤーには「独立性」が保障されていなければならないこと

　SLがこれまで述べてきたような活動をなし得るためには、依頼者や報酬支払者の利害や意向に左右されない「独立性」が必要となります。この「独立性」は、できれば条例や教育委員会規則に、それが難しければ、実施要綱や教育委員会とSL間の協定書等にそのことを明記した一文を設けることが適切であると考えます。SLは学校をもまる弁護士ではなく、子どもをまもる弁護士であることを教育委員会や学校に理解してもらうこと、そして、その理解の上に立って、教育委員会も、SLと協働しながら子どもを支援していくこと、そのような形にできることが望ましいと考えます。

　独立性という点では、将来的に、独立性と専門性の両方を確保したSLの協会を組織していくことも視野に入れたいと思います。このSL協会は、例えば、次のような活動を行います。①「教育や子どもに理解のあるSL」を各教委・学校に派遣すること、②SL間の情報交換および研修を行うこと、③子どもの代表と話し合う機会をもつこと、④子どもの権利や最善の利益に関わる政策提言を行うこと、⑤他団体（親支援・子ども支援NPO、教職員団体、SSWrやメディエーターの団体等）との交流、意見交換を行うこと、⑥教育委員会や教職員等に対する研修、市民向けの講演を行うこと、等。諸外国の実例から言っても、こうした性格をもつSLの専門職団体は当然あってしかるべきだと思います。

　最後に一言すれば、今後のSL制度の構築と発展のためには、学校関係者のみならず、保護者や地域住民の理解と関心が不可欠であると言えます。これらの人々が、SLは、学校への要望の前に立ちはだかる"用心棒"ではなく、「開かれた学校」を一緒につくっていく"パートナー"であると納得で

きるかどうかが、これからの SL 制度の成否を分ける鍵であると言っても過
言ではありません。子どもの権利条約第18条には次のように書かれています。
「（1項）親または場合によって法定保護者は、子どもの養育および発達に対
する第一次的責任を有する。子どもの最善の利益が、親または法定保護者の
基本的関心となる。」「（2項）締約国は、親および法定保護者が子どもの養
育責任を果たすにあたって適当な援助を与え、かつ、子どものケアのための
機関、施設およびサービスの発展を確保する。」（国際教育法研究会訳）この条
文に見られるように、親が第一義的な責任を果たしていくためには、これを
支援していく体制がつくられなければなりません。日本の SL も、直接的で
はなくとも、子どもの背後にいる保護者の支援にも、ぜひ目を注いでいただ
きたいと思います。合わせて、SL についての保護者向け説明会や市民向け
シンポジウムの開催等を通して、SL の仕事を周知していくことも必要にな
ります。SL が、本書で述べてきたような「対話による学校づくり」の担い
手として多くの人々に認識されるようになったとき、SL 制度は、子どもの
最善の利益の実現に加え、保護者や地域住民とともに学校の教育機能自体を
高めていくことにも貢献できる制度であることが明らかになることでしょう。

注
（1）馬場幸子編著『学校現場で役立つ「問題解決型ケース会議」活用ハンドブック
　　—チームで子どもの問題に取り組むために』明石書店、2018年、15-24頁、参照。
（2）峯本耕治「スクールロイヤーと『チーム学校』」大塚美和子・西野緑・峯本耕治
　　編著『「チーム学校」を実現するスクールソーシャルワーク—理論と実践をつなぐ
　　メゾ・アプローチの展開』明石書店、2020年、31-38頁、参照。

図A

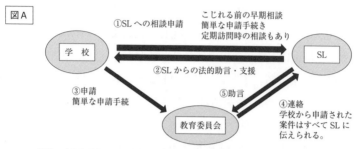

①②の手続きを原則とする。SL の人数が少ない場合は③④②ないし⑤の手続きとなる。ただし、その場合も、教育委員会はできる限り案件をスクリーニングしないことが必要である。

図B

紛争が起きていないときも、SL は下記の（ア）にある三者の対話を促す重要な役割を果たす。
また、紛争の初期段階であれば、SL の相談は教職員との面談（電話、メール）で行いうる。
しかし、紛争が複雑化・深刻化してきたとき、あるいは、チーム学校のメンバーからの要請があるときは、（イ）のように、ケース会議等に参加して、情報共有し、事実関係の整理・助言を行うのが有効である。

子ども・保護者・教職員の対話による安心できる学校づくりのダイナミズム

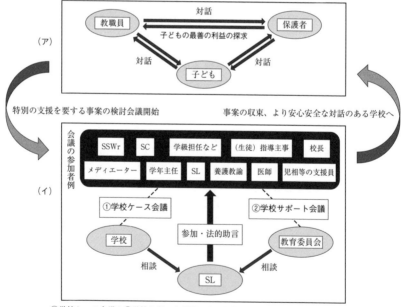

①学校ケース会議や②学校サポート会議では、子どもの最善の利益を探る。アセスメント、プランニング、支援の実施、効果の検証。場合により、保護者や子どもも出席。

［資料編］

1. 子どもの権利条約（国際教育法研究会訳）　＊条文抜粋

前文

この条約の締約国は、国際連合憲章において宣明された原則に従い、人類社会のすべ
ての構成員の固有の尊厳および平等のかつ奪えない権利を認めることが世界における
自由、正義および平和の基礎であることを考慮し、国際連合の諸人民が、その憲章に
おいて、基本的人権ならびに人間の尊厳および価値についての信念を再確認し、かつ、
社会の進歩および生活水準の向上をいっそう大きな自由の中で促進しようと決意した
ことに留意し、国際連合が、世界人権宣言および国際人権規約において、全ての者は
人種、皮膚の色、性、言語、宗教、政治的意見その他の意見、国民的もしくは社会的
出身、財産、出生またはその他の地位等によるいかなる種類の差別もなしに、そこに
掲げるすべての権利および自由を有することを宣明しかつ同意したことを認め、国際
連合が、世界人権宣言において、子ども時代は特別のケアおよび援助を受ける資格の
あることを宣明したことを想起し、家族が、社会の基礎的集団として、ならびにその
すべての構成員とくに子どもの成長および福祉のための自然的環境として、その責任
を地域社会において十分に果たすことができるように必要な保護および援助が与えら
れるべきであることを確信し、子どもが、人格の全面的かつ調和のとれた発達のため
に、家庭環境の下で、幸福、愛情および理解のある雰囲気の中で成長すべきであるこ
とを認め、子どもが、十分に社会の中で個人としての生活を送れるようにすべきであ
り、かつ、国際連合憲章に宣明された理想の精神の下で、ならびにとくに平和、尊厳、
寛容、自由、平等および連帯の精神の下で育てられるべきであることを考慮し、子ど
もに特別なケアを及ぼす必要性が、1924年のジュネーブ子どもの権利宣言および国際
連合総会が1959年11月20日に採択した子どもの権利宣言に述べられており、かつ、世
界人権宣言、市民的及び政治的権利に関する国際規約（とくに第23条および第24条）、
経済的、社会的及び文化的権利に関する国際的規約（とくに第10条）、ならびに子ど
もの福祉に関係ある専門機関および国際機関の規程および関連文書において認められ
ていることに留意し、子どもの権利宣言において示されたように、「子どもは、身体
的および精神的に未成熟であるため、出生前後に、適当な法的保護を含む特別の保護
およびケアを必要とする」ことに留意し、国内的および国際的な里親託置および養子
縁組にとくに関連した子どもの保護および福祉についての社会的および法的原則に関
する宣言、少年司法運営のための国際連合最低基準規則（北京規則）、ならびに、緊

急事態および武力紛争における女性および子どもの保護に関する宣言の条項を想起し、とくに困難な条件の中で生活している子どもが世界のすべての国に存在していること、および、このような子どもが特別の考慮を必要としていることを認め、子どもの保護および調和のとれた発達のためにそれぞれの人民の伝統および文化的価値の重要性を正当に考慮し、すべての国、とくに発展途上国における子どもの生活条件改善のための国際協力の重要性を認め、次のとおり協定した。

第Ⅰ部

第1条（子どもの定義）

　この条約の適用上、子どもとは、18歳未満のすべての者をいう。ただし、子どもに適用される法律の下でより早く成年に達する場合は、この限りでない。

第2条（差別の禁止）

　1．締約国は、その管轄内にある子ども一人一人に対して、子どもまたは親もしくは法定保護者の人種、皮膚の色、性、言語、宗教、政治的意見その他の意見、国民的、民族的もしくは社会的出身、財産、障害、出生またはその他の地位にかかわらず、いかなる種類の差別もなしに、この条約に掲げる権利を尊重しかつ確保する。

　2．締約国は、子どもが、親、法定保護者または家族構成員の地位、活動、表明した意見または信条を根拠とするあらゆる形態の差別または処罰からも保護されることを確保するためにあらゆる適当な措置をとる。

第3条（子どもの最善の利益）

　1．子どもにかかわるすべての活動において、その活動が公的もしくは私的な社会福祉機関、裁判所、行政機関または立法機関によってなされたかどうかにかかわらず、子どもの最善の利益が第一次的に考慮される。

　2．締約国は、親、法定保護者または子どもに法的な責任を負う他の者の権利および義務を考慮しつつ、子どもに対してその福祉に必要な保護およびケアを確保することを約束し、この目的のために、あらゆる適当な立法上および行政上の措置をとる。

　3．締約国は、子どものケアまたは保護に責任を負う機関、サービスおよび施設が、とくに安全および健康の領域、職員の数および適格性、ならびに職員の適正な監督について、権限ある機関により設定された基準に従うことを確保する。

第4条（締約国の実施義務）

　締約国は、この条約において認められる権利の実施のためのあらゆる適当な立法上、行政上およびその他の措置をとる。経済的、社会的および文化的権利に関して、締

約国は、自国の利用可能な手段を最大限に用いることにより、および必要な場合には、国際協力の枠組の中でこれらの措置をとる。

第5条（親の指導の尊重）

締約国は、親、または適当な場合には、地方的慣習で定められている拡大家族もしくは共同体の構成員、法定保護者もしくは子どもに法的な責任を負う他の者が、この条約において認められる権利を子どもが行使するにあたって、子どもの能力の発達と一致する方法で適当な指示および指導を行う責任、権利および義務を尊重する。

第6条（生命への権利、生存・発達の確保）

1. 締約国は、すべての子どもが生命への固有の権利を有することを認める。

2. 締約国は、子どもの生存および発達を可能なかぎり最大限に確保する。

第9条（親からの分離禁止と分離のための手続）

1. 締約国は、子どもが親の意思に反して親から分離されないことを確保する。ただし、権限ある機関が司法審査に服することを条件として、適用可能な法律および手続に従い、このような分離が子どもの最善の利益のために必要であると決定する場合は、この限りでない。当該決定は、親によって子どもが虐待もしくは放任される場合、または親が別れて生活し、子どもの居所が決定されなければならない場合などに特別に必要となる。

2. 1に基づくいかなる手続においても、すべての利害関係者は、当該手続に参加し、かつ自己の見解を周知させる機会が与えられる。

3. 締約国は、親の一方または双方から分離されている子どもが、子どもの最善の利益に反しないかぎり、定期的に親双方との個人的関係および直接の接触を保つ権利を尊重する。

第12条（意見表明権）

1. 締約国は、自己の見解をまとめる力のある子どもに対して、その子どもに影響を与えるすべての事柄について自由に自己の見解を表明する権利を保障する。その際、子どもの見解が、その年齢および成熟に従い、正当に重視される。

2. この目的のため、子どもは、とくに、国内法の手続規則と一致する方法で、自己に影響を与えるいかなる司法的および行政的手続においても、直接にまたは代理人もしくは適当な団体を通じて聴聞される機会を与えられる。

第13条（表現・情報の自由）

1. 子どもは表現の自由への権利を有する。この権利は、国境にかかわりなく、口頭、手書きもしくは印刷、芸術の形態または子どもが選択する他のあらゆる方法により、あらゆる種類の情報および考えを求め、受け、かつ伝える自由を含む。

218

2．この権利の行使については、一定の制限を課することができる。ただし、その制限は、法律によって定められ、かつ次の目的のために必要とされるものに限る。

a．他の者の権利または信用の尊重

b．国の安全、公の秩序または公衆の健康もしくは道徳の保護

第14条（思想・良心・宗教の自由）

1．締約国は、子どもの思想、良心および宗教の自由への権利を尊重する。

2．締約国は、親および適当な場合には法定保護者が、子どもが自己の権利を行使するにあたって、子どもの能力の発達と一致する方法で子どもに指示を与える権利および義務を尊重する。

3．宗教または信念を表明する自由については、法律で定める制限であって、公共の安全、公の秩序、公衆の健康もしくは道徳、または他の者の基本的な権利および自由を保護するために必要な制限のみを課することができる。

第15条（結社・集会の自由）

1．締約国は、子どもの結社の自由および平和的な集会の自由への権利を認める。

2．これらの権利の行使については、法律に従って課される制限であって、国の安全もしくは公共の安全、公の秩序、公衆の健康もしくは道徳の保護、または他の者の権利および自由の保護のために民主的社会において必要なもの以外のいかなる制限も課することができない。

第16条（プライバシィ・通信・名誉の保護）

1．いかなる子どもも、プライバシィ、家族、住居または通信を恣意的にまたは不法に干渉されず、かつ、名誉および信用を不法に攻撃されない。

2．子どもは、このような干渉または攻撃に対する法律の保護を受ける権利を有する。

第17条（適切な情報へのアクセス）

締約国は、マスメディアの果たす重要な機能を認め、かつ、子どもが多様な国内的および国際的な情報源からの情報および資料、とくに自己の社会的、精神的および道徳的福祉ならびに心身の健康の促進を目的とした情報および資料へアクセスすることを確保する。この目的のため、締約国は、次のことをする。

a．マスメディアが、子どもにとって社会的および文化的利益があり、かつ第29条の精神と合致する情報および資料を普及する事を奨励すること。

b．多様な文化的、国内的および国際的な情報源からの当該情報および資料の作成、交換および普及について国際協力を奨励すること。

c．子ども用図書の製作および普及を奨励すること。

　ｄ．マスメディアが、少数者集団に属する子どもまたは先住民である子どもの言語
上のニーズをとくに配慮することを奨励すること。
　ｅ．第13条および第18条の諸条項に留意し、子どもの福祉に有害な情報および資料
から子どもを保護するための適当な指針の発展を奨励すること。

第18条（親の第一次的養育責任と国の援助）
　１．締約国は、親双方が子どもの養育および発達に対する共通の責任を有するとい
う原則の承認を確保するために最善の努力を払う。親または場合によって法定保護
者は、子どもの養育および発達に対する第一次的責任を有する。子どもの最善の利
益が、親または法定保護者の基本的関心となる。
　２．この条約に掲げる権利の保障および促進のために、締約国は、親および法定保
護者が子どもの養育責任を果たすにあたって適当な援助を与え、かつ、子どものケ
アのための機関、施設およびサービスの発展を確保する。
　３．締約国は、働く親をもつ子どもが、受ける資格のある保育サービスおよび保育
施設から利益を得る権利を有することを確保するためにあらゆる適当な措置をとる。

第19条（親による虐待・放任・搾取からの保護）
　１．締約国は、（両）親、法定保護者または子どもの養育をする他の者による子ど
もの養育中に、あらゆる形態の身体的または精神的な暴力、侵害または虐待、放任
または怠慢な取扱い、性的虐待を含む不当な取扱いまたは搾取から子どもを保護す
るためにあらゆる適当な立法上、行政上、社会上および教育上の措置をとる。
　２．当該保護措置は、適当な場合には、子どもおよび子どもを養育する者に必要な
援助を与える社会計画の確立、およびその他の形態の予防のための効果的な手続、
ならびに上記の子どもの不当な取扱いについての実例の認定、報告、照会、調査、
処理および追跡調査のため、および適当な場合には、司法的関与のための効果的な
手続を含む。

第20条（家庭環境を奪われた子どもの保護）
　１．一時的にもしくは恒常的に家庭環境を奪われた子ども、または、子どもの最善
の利益に従えばその環境にとどまることが容認されえない子どもは、国によって与
えられる特別な保護および援助を受ける資格を有する。
　２．締約国は、国内法に従い、このような子どものための代替的養護を確保する。

第23条（障害児の権利）
　１．締約国は、精神的または身体的に障害を負う子どもが、尊厳を確保し、自立を
促進し、かつ地域社会への積極的な参加を助長する条件の下で、十分かつ人間に値
する生活を享受すべきであることを認める。

2．締約国は、障害児の特別なケアへの権利を認め、かつ、利用可能な手段の下で、援助を受ける資格のある子どもおよびその養育に責任を負う者に対して、申請に基づく援助であって、子どもの条件および親または子どもを養育する他の者の状況に適した援助の拡充を奨励しかつ確保する。

3．障害児の特別なニーズを認め、2に従い拡充された援助は、親または子どもを養育する他の者の財源を考慮しつつ、可能な場合にはいつでも無償で与えられる。その援助は、障害児が可能なかぎり全面的な社会的統合ならびに文化的および精神的発達を含む個人の発達を達成することに貢献する方法で、教育、訓練、保健サービス、リハビリテーションサービス、雇用準備およびレクリエーションの機会に効果的にアクセスしかつそれらを享受することを確保することを目的とする。

4．締約国は、国際協力の精神の下で、障害児の予防保健ならびに医学的、心理学的および機能的治療の分野における適当な情報交換を促進する。その中には、締約国が当該分野においてその能力および技術を向上させ、かつ経験を拡大することを可能にするために、リハビリテーション教育および職業上のサービスの方法に関する情報の普及およびそれへのアクセスが含まれる。この点については、発展途上国のニーズに特別な考慮を払う。

第24条（健康・医療への権利）

1．締約国は、到達可能な最高水準の健康の享受ならびに疾病の治療およびリハビリテーションのための便宜に対する子どもの権利を認める。締約国は、いかなる子どもも当該保健サービスへアクセスする権利を奪われないことを確保するよう努める。

2．締約国は、この権利の完全な実施を追求し、とくに次の適当な措置をとる。

ａ．乳幼児および子どもの死亡率を低下させること。

ｂ．基本保健の発展に重点をおいて、すべての子どもに対して必要な医療上の援助および保健を与えることを確保すること。

ｃ．環境汚染の危険およびおそれを考慮しつつ、とりわけ、直ちに利用可能な技術を適用し、かつ十分な栄養価のある食事および清潔な飲料水を供給することにより、基礎保健の枠組の中で疾病および栄養不良と闘うこと。

ｄ．母親のための出産前後の適当な保健を確保すること。

ｅ．すべての社会構成員とくに親および子どもが子どもの健康および栄養の基礎的知識、母乳育児および衛生ならびに環境衛生の利益、ならびに事故の予防措置を活用するにあたって、情報が提供され、教育にアクセスし、かつ援助されることを確保すること。

ｆ．予防保健、親に対する指導、ならびに家庭計画の教育およびサービスを発展させること。

３．締約国は、子どもの健康に有害な伝統的慣行を廃止するために、あらゆる効果的でかつ適当な措置をとる。

第26条（社会保障への権利）

１．締約国は、すべての子どもに対して社会保険を含む社会保障を享受する権利を認め、かつ、国内法に従いこの権利の完全な実現を達成するために必要な措置をとる。

２．当該給付については、適当な場合には、子どもおよびその扶養に責任を有している者の資力および状況を考慮し、かつ、子どもによってまた子どもに代わってなされた給付の申請に関する他のすべてを考慮しつつ行う。

第27条（生活水準への権利）

１．締約国は、身体的、心理的、精神的、道徳的および社会的発達のために十分な生活水準に対するすべての子どもの権利を認める。

２．（両）親または子どもに責任を負う他の者は、その能力および資力の範囲で、子どもの発達に必要な生活条件を確保する第一次的な責任を負う。

３．締約国は、国内条件に従いかつ財源内において、この権利の実施のために、親および子どもに責任を負う他の者を援助するための適当な措置をとり、ならびに、必要な場合にはとくに栄養、衣服および住居に関して物的援助を行い、かつ援助計画を立てる。

第28条（教育への権利）

１．締約国は、子どもの教育への権利を認め、かつ、漸進的におよび平等な機会に基づいてこの権利を達成するために、とくに次のことをする。

ａ．初等教育を義務的なものとし、かつすべての者に対して無償とすること。

ｂ．一般教育および職業教育を含む種々の形態の中等教育の発展を奨励し、すべての子どもが利用可能でありかつアクセスできるようにし、ならびに、無償教育の導入および必要な場合には財政的援助の提供などの適当な措置をとること。

ｃ．高等教育を、すべての適当な方法により、能力に基づいてすべての者がアクセスできるものとすること。

ｄ．教育上および職業上の情報ならびに指導を、すべての子どもが利用可能でありかつアクセスできるものとすること。

ｅ．学校への定期的な出席および中途退学率の減少を奨励するための措置をとること。

222

　2．締約国は、学校懲戒が子どもの人間の尊厳と一致する方法で、かつこの条約に従って行われることを確保するためにあらゆる適当な措置をとる。

第29条（教育の目的）

　1．締約国は、子どもの教育が次の目的で行われることに同意する。

　a．子どもの人格、才能ならびに精神的および身体的能力を最大限可能なまで発達させること。

　b．人権および基本的自由の尊重ならびに国際連合憲章に定める諸原則の尊重を発展させること。

　c．子どもの親、子ども自身の文化的アイデンティティ、言語および価値の尊重、子どもが居住している国および子どもの出身国の国民的価値の尊重、ならびに自己の文明と異なる文明の尊重を発展させること。

　d．すべての諸人民間、民族的、国民的および宗教的集団ならびに先住民間の理解、平和、寛容、性の平等および友好の精神の下で、子どもが自由な社会において責任ある生活を送れるようにすること。

　e．自然環境の尊重を発展させること。

　2．この条または第28条のいかなる規定も、個人および団体が教育機関を設置しかつ管理する自由を妨げるものと解してはならない。ただし、つねに、この条の1に定める原則が遵守されること、および当該教育機関において行われる教育が国によって定められる最低限度の基準に適合することを条件とする。

第30条（少数者・先住民の子どもの権利）

　民族上、宗教上もしくは言語上の少数者、または先住民が存在する国においては、当該少数者または先住民に属する子どもは、自己の集団の他の構成員とともに、自己の文化を享受し、自己の宗教を信仰しかつ実践し、または自己の言語を使用する権利を否定されない。

第31条（休息・余暇、遊び、文化的・芸術的生活への参加）

　1．締約国は、子どもが、休息しかつ余暇をもつ権利、その年齢にふさわしい遊びおよびレクリエーション的活動を行う権利、ならびに文化的生活および芸術に自由に参加する権利を認める。

　2．締約国は、子どもが文化的および芸術的生活に十分に参加する権利を尊重しかつ促進し、ならびに、文化的、芸術的、レクリエーション的および余暇的活動のための適当かつ平等な機会の提供を奨励する。

第32条（経済的搾取・有害労働からの保護）

　1．締約国は、子どもが、経済的搾取から保護される権利、および、危険があり、

その教育を妨げ、あるいはその健康または身体的、心理的、精神的、道徳的もしくは社会的発達にとって有害なるおそれのあるいかなる労働に就くことからも保護される権利を認める。

第34条（性的搾取・虐待からの保護）

締約国は、あらゆる形態の性的搾取および性的虐待から子どもを保護することを約束する。これらの目的のため、締約国は、とくに次のことを防止するためのあらゆる適当な国内、二国間および多数国間の措置をとる。

　ａ．何らかの不法な性的行為に従事するよう子どもを勧誘または強制すること。

　ｂ．売春または他の不法な性的行為に子どもを搾取的に使用すること。

　ｃ．ポルノ的な実演または題材に子どもを搾取的に使用すること。

第36条（他のあらゆる形態の搾取からの保護）

締約国は、子どもの福祉のいずれかの側面にとって有害となる他のあらゆる形態の搾取から子どもを保護する。

第40条（少年司法）

　１．締約国は、刑法に違反したとして申し立てられ、罪を問われ、または認定された子どもが、尊厳および価値についての意識を促進するのにふさわしい方法で取扱われる権利を認める。当該方法は、他の者の人権および基本的自由の尊重を強化するものであり、ならびに、子どもの年齢、および子どもが社会復帰しかつ社会において建設的な役割を果たすことの促進が望ましいことを考慮するものである。

第42条（条約広報義務）

締約国は、この条約の原則および規定を、適当かつ積極的な手段により、大人のみならず子どもに対しても同様に、広く知らせることを約束する。

2．「スクールロイヤー」の整備を求める意見書

2018年（平成30年）1月18日
日本弁護士連合会

意見の趣旨

1　各都道府県・市町村の教育委員会、国立・私立学校の設置者において、学校で発生する様々な問題について、子どもの最善の利益を念頭に置きつつ、教育や福祉等の視点を取り入れながら、法的観点から継続的に学校に助言を行う弁護士（以下「スクールロイヤー」という。）を活用する制度を構築・整備するよう求める。

2　文部科学省において、前項のスクールロイヤー制度について調査研究を行い、その活用を推進するための法整備及び財政的措置を講じるよう求める。

意見の理由

1　はじめに

　学校では、いじめ、不登校、体罰、事故等、日々様々な問題が発生している。しかも問題はますます深刻化・多様化しているのが現状である。また、保護者からの強い要求やクレーム等に対する対応の在り方も、学校や現場の教員が今日苦慮している問題の一つである。このほか、学校現場においては様々な問題が日々発生しており、自治体や民間企業等の団体と同様に、法や法的価値観に基づく紛争の解決や予防が求められる状況となっている。

　学校現場で生じている問題に有効・適切に対処するためには、トラブルの未然防止のためにも、教員の負担軽減の観点からも、問題が深刻化する前に、弁護士が日頃から学校の相談相手として早期に関わり、子どもの最善の利益を考慮しながら助言する態勢が制度化されることが必要である。

　本意見書では、学校現場で発生する様々な問題に対して、裁判になってから関わるのではなく、むしろトラブルが予測されそうな段階から、学校の相談相手としての立場で、子どもの最善の利益の観点から、教育や福祉、子どもの権利等の視点を取り入れながら継続的に助言する弁護士を「スクールロイヤー」と称し、各地域の状況を踏まえつつ、その積極的な活用を検討するよう求めるものである。

　なお、ここでいう「学校」とは学校教育法第1条の学校を意味しているが、当面は、小学校、中学校、義務教育学校、高等学校、中等教育学校、特別支援学校、高

等専門学校での活用を想定している。

　後述のとおり、文部科学省は「チームとしての学校」を提言し、その中で、法律家の活用も提案しており、実際に、学校の相談に応じて助言する形での弁護士の関わりも既に始まっている。

　今後スクールロイヤーが全国で制度化されるに当たり、本意見書が役立つことを願うものである。

2　学校で発生する諸問題と専門家による支援体制の必要性

(1) 問題行動の背景の広がりと複雑化（問題を捉える視点の提供）

　　近年、社会の変化と学校を取り巻く状況が変化し、いじめや不登校等の生徒指導上の課題とそれを取り巻く子どもたちの環境はますます複雑化・困難化している。

　　子どもの問題行動の背景には、多くの場合、心の問題、家庭や友人関係、地域等日常生活における環境上の問題がある。親からの虐待のように学校が原因ではないケースも少なくないし、貧困問題や地域の問題等、原因は学校の外に深く大きく広がり、しかも複雑に絡み合っている。したがって、単に問題行動のみに着目して対応しても、解決することは極めて難しい。

　　こういった問題に対して、これまで学校は教員が個別に又は教員同士がチームを組んで、公立学校では教育委員会と連携しながら対応を行っていたが、必ずしも十分な態勢がとられているとは言えなかった。

(2) 授業等本来の業務に向けられる時間の確保（教員への支援）

　　2006年度の文部科学省の教員勤務実態調査によると、教員の残業時間は一月当たり約42時間に上る。国際的にも極めて長く、2014年6月公表のOECD国際教員指導環境調査によると、日本の教員の1週間当たりの勤務時間（53.9時間）は参加国中で最長となっている（平均38.3時間）。特に、課外活動（スポーツ・文化活動）の指導時間が長く、事務業務の時間も長いという結果が出ている。

　　このため、教員の専門性を授業等子どもと向き合う時間にいかに集中させることができるかが課題となっている。

(3) 専門家との連携

　　前記のとおり、子どもを取り巻く問題はますます深刻化・多様化し、教員だけの対応が困難になっていること、教員の負担を軽減して本来の業務である子どもと向き合う時間を十分確保する必要があること等を踏まえると、教員だけでの対応するのではなく外部の多様な専門スタッフが関わりながら、様々な業務を連携

してチームとして取り組む体制が求められている。

　中央教育審議会においても、前記と同様の観点から「チームとしての学校」を提案し、今後推進していくよう提言している（2015年12月「チームとしての学校の在り方と今後の改善方策について（答申）」）。

(4) 法的観点からのサポートの必要性

　学校を支える外部の専門家としては、スクールソーシャルワーカーやスクールカウンセラーの力が欠かせない。

　しかし、実際の場面では、法的観点からの専門性が必要とされることも多い。中央教育審議会の前記答申も、学校における法律問題に対処するため、弁護士会と連携して、学校において法律家を活用することを提案している。

　なお、学校で発生する問題では、多くの場合に法的な問題だけではなく、教育や福祉、心理、危機管理等、領域をまたがる多くの問題がつながっている。

　弁護士は、日頃から法律実務家として、様々な分野にまたがる問題を取り扱い、多くの関係者の利害を調整する仕事を行っていることから、各領域を横断的・総合的に目を配りながら、助言・指導を行うことが可能である。

3　先行して実施されている具体例

　いくつかの自治体、名称や制度の詳細は異なるものの、スクールロイヤーに相当する制度の設置・運用は、既に一部の自治体で始まっている。

　例えば、大阪府では、2013年から、「大阪府いじめ防止基本方針」に基づき、市町村教育委員会の要請に応じて弁護士を担当スクールロイヤーとして定め、必要に応じて派遣し、法的な観点から児童生徒及び保護者への対応に関する助言を行う事業をスタートしている。いじめ対策支援事業の枠組ではあるが、実際にはいじめと直接関係がない場合であっても、いじめに結びつく可能性のあるケースとして取り扱っている。大阪府下を7つのエリアに分け、各エリアを子どもの問題に詳しい弁護士が一人ずつ担当している。学校からの相談に個別に対応したり、定期的な相談会を実施したり、ケース会議に出席する等して、法的な問題だけではなく、教育や福祉等に目を配った助言・指導を行っている。現在、年間およそ100件程度の相談がある。

　岐阜県可児市も、学校現場から教師が弁護士に直接相談を行うことができる制度を実施している。そのほか、いくつかの都道府県市町村でも、名称や制度の詳細は異なるものの、弁護士が個別に学校から相談を受けている。

　また、私立学校の中には、教員免許を持つ弁護士が実際に教育現場で子どもに対して教育活動を行うとともに、弁護士として学校や教員に対して直接、法的な助言や相

談を日常的に行う学校内弁護士制度を導入しているところもある。

4　スクールロイヤーの基本的な立場と役割

　本意見書が提案するスクールロイヤーは新しい制度であることから、その基本的な立場と役割をまず明確にする必要があり、これについては以下の観点から体制が整備されるべきと考える。

（1）スクールロイヤーの基本的な立場

　　学校は、子どもの成長と発達を目的として、子どもに対して組織的、計画的、継続的に教育を実施する機関であり、子どもの権利を実現する最も基本的・中心的な役目を担うものである（教育基本法第6条、子どもの権利条約第28条、第29条）。このような学校の設置目的からすると、学校のあらゆる活動は、子どもの最善の利益（子どもの権利条約第3条等）に沿ったものであることが前提となる。

　　したがって、学校に対して法的観点から助言・指導を行うスクールロイヤーは、教育や福祉等の観点を踏まえつつ、子どもの最善の利益を図ることが求められる。

（2）スクールロイヤーの役割

　　スクールロイヤーは、上記の立場に基づき、あくまでも学校側からの依頼により内部的に助言・指導を行うものであって、学校側の代理人となって対外的な活動を行うものではない。その理由は次のとおりである。

　　スクールロイヤーは、紛争発生後の対応以前に、まず対立構造になる前の段階から対立を予防する視点で関与することが求められることから、対外的にいずれかの立場を明らかにせざるを得ない代理人となることはふさわしくない。

　　そして、学校にかかる問題の関係者は、学校、教員、子ども、保護者、住民等極めた多様な利害を持つ者で構成されており、かつ発生する事案ごとにその利害関係も千差万別である。子どもの利益を念頭において活動するスクールロイヤーが、学校側の代理人として対外的に対応することになれば、その立場に誤解を与えてしまう可能性が生じかねないことにとどまらず、学校に対して、真に子どもの最善の利益の立場から適切な指導・助言を行うことが困難になってしまう。さらに、保護者との関係については、学校で起こる問題は、教員が日々子どもとの直接の人格的接触を通じて教育活動を行い、その一環として保護者との接触も行っていることからすると、スクールロイヤーが学校側の代理人として直接対応することは適切ではない。のみならず、学校側の代理人になって保護者と対峙する立場に立つことになれば、学校に通っている子どもとの関係が混乱し、子どもの最善の観点の観点から極めて難しい問題が生じる。度を過ぎた違法な要求がある

ために学校側の代理人が保護者等と直接交渉する必要がある場合には、別の弁護士が教育委員会ないし学校法人から委任を受けて行うべきであり、通常は顧問弁護士が担当することが多いものと思われる。

　これに対して、学校内部において助言・指導するのみで十分なのかということも問われ得る。しかし、学校現場で生じる様々な問題について、学校側は法的観点を踏まえた対応が必要であるにもかかわらず、適時に相談する手段を有していないために、不十分あるいは不適切な対応にとどまってしまっている。教育委員会の顧問弁護士等は、人数も少なく、学校で日常的に生じる問題については、適時に相談できないのが実情である。したがって、スクールロイヤーの活動が、学校内部の助言・指導にとどまり、対外的な代理人活動を行わないとしても、十分に有用であり、子どもとの直接的な人格的接触を通じて子どもの学習権を充足すべき教員の教育活動への支援として極めて積極的な意義を有するものといえる。

5　想定される活動

　スクールロイヤーの活動としては、以下のようなケースへの助言・指導が想定される。

(1)　子どもの問題行動、親子の問題、その他子どもに関わる問題

　①　触法、非行、暴力、性加害など等の問題行動

　　触法、非行、暴力、性加害等子どもの問題行動が発生した場合の指導の方針、特に校則等学校のルールの適用について助言を行う。また、問題行動を起こした子どもや被害を受けた子どもに対して、ソーシャルワークの視点から、学校が設置したケース会議の一員として、学校のアセスメントとプランニングをサポートしながら、子どもの特性に応じた支援を助言・指導する。

　　特に深刻なケースでは、児童相談所や少年サポートセンター、警察と連携したり、少年事件として手続を進める（警察への通報、被害届の提出等）ことも検討する必要がある。少年事件化した場合は、その後の学校の対策を準備し、さらに家庭裁判所調査官、保護観察所、付添人等との連携も図る必要があり、これらについて助言・指導する。

　②　いじめ

　　いじめが発生した場合、事案によって、学校が行う事実調査・認定、指導・支援方針のプランニング、保護者への説明等に対する助言・指導を行う。これらの取組は、保護者対応の安定化にもつながるものである。また、学校の責任の有無や程度を検証し、予防的な教育や指導の重要性について助言する。

　なお、いじめ防止対策推進法第22条は、学校は、専門的な知識を有する者等によっていじめ防止対策の組織を置くものとしている。また、同法第23条は、学校は、いじめの通報があり、いじめが確認された場合は、いじめをやめさせ、また再発を防止するため、専門的な知識を有する者の協力を得ながら対応することを定めている。このように、同法は元々、スクールロイヤーが専門的なスタッフとして関与することを想定していると考えられる。

　いじめ問題においては、被害者の保護と加害者への指導という対立する二者間の複雑な利害関係を十分に理解した上で、被害者も加害者も共に子どもであることを踏まえ、単純な二項対立的思考ではない視点から、子どもの最善の利益に配慮した解決を志向しなければならない。そのため、子どもの問題に詳しい弁護士がスクールロイヤーとしていじめ問題に早期に関与することは重要な意義を持つ。

③　児童虐待

　子どもの問題行動の背景に児童虐待が原因していることがある。リスクの高い児童虐待のケースに対しては、早急に虐待の防止を図り、子どもや保護者を支援するための方策を助言する。学校に対して、要保護児童対策地域協議会や児童相談所等との連携も助言・指導する必要がある。

④　不登校

　子どもの不登校については、速やかにアセスメントを実施し、いじめ、暴力、体罰、発達、学力問題等の各誘因に応じて適切なプランニングを行う必要があり、これらを助言・指導する。

⑤　少年鑑別所、児童自立支援施設、少年院等から学校に戻る場合

　子どもが少年鑑別所、児童自立支援施設、少年院等から学校に戻ってくる場合は、復帰に向けての環境を整備し、施設と子どもや保護者、学校をどうつなぐかについて助言する。その際は、学校に指導・助言して、保護観察所と連絡を取ったり、スクールソーシャルワーカーと積極的に連携する場合がある。

⑥　出席停止及び懲戒処分

　子どもの問題行動に関して出席停止ないし懲戒処分（高校における停学・退学処分等）を検討する場合は、その法的な意味と学校の裁量の範囲、具体的手続、実際の運用、処分後の対応等について助言する。また、必要に応じて進級認定の際に発生する法的問題についても助言を行う。

⑦　障害のある児童生徒への対応

　障害があったり、医療的ケアを要する児童生徒に対して不当な差別的取扱い

が行われていないか、入学時の受入れについての判断が妥当かなど、入学や学校生活において、一人一人の教育ニーズに合った対応が行われるよう助言・指導する。

⑧　重大な少年事件やいじめ、自殺事件等が発生した場合

マスコミが取り上げるような重大な少年事件やいじめ、自殺事件等が発生した場合は、当事者だけでなく他の子どもについても早期のアセスメントとプランニングについて助言・指導を行い、保護者会や地域への対応、マスコミへの対応等についても助言を行う。

⑨　貧困問題

子ども（及び子どもの属する世帯）が経済的問題を抱えている場合は、就学援助などの利用できる支援制度について助言し、また行政との連携を助言・指導する。

(2)　保護者対応

①　保護者の行き過ぎたクレームと教員のストレス

自分の子どもの問題に直面して不安になった保護者が行き違いから学校に不信感を覚え、強い被害者意識を増幅させることがある。その過程で学校に厳しい要求を行ったり、攻撃的な態度を見せたりする場合も見受けられる。

前述の教員実務実態調査によれば、小・中学校教員の約70パーセントが保護者への対応が増えたと回答し、保護者への対応をストレスと感じる教員が50パーセントを超えている。

保護者から過度な要求がなされるケースには、当初の段階で丁寧な説明や対応がなされなかったために行き違いが生じることも少なくないのであり、早い段階でスクールロイヤーの助言を得て適切に対応することにより、そこまで至らないこともあり得る。

その上で、限度を超えた要求や攻撃に対しては、学校としての組織の維持や他の子どもや保護者の学校生活の安定、公正・公平の観点から、毅然とした態度で対応する必要がある。保護者の行為が、脅迫や暴行等犯罪に至る例外的なケースでは法的な対応が求められることもあり得る。スクールロイヤーの法的見地からの助言は、このためにも欠かせないものとなる。

②　子どもの最善の利益の視点からの指導・助言

とはいえ、保護者の要求に対して単に応じられないとして断るだけでは、問題は解決しない。保護者を単純にクレーマーとして扱うことも、教育現場では必ずしも適切ではない。そもそも、学校教育は子どもを抜きに考えることはで

きない。子ども自身は日々学校に通っているので、子どもの問題と保護者の問題は必然的に一体の問題として取り扱わざるを得ない。また、学校で起こる問題は1回限りではなく、変化しながらも常に継続している。

したがって、学校は、保護者との関係では、適当な距離を保ちつつも、信頼関係を絶やさないよう配慮し、学校、子ども、保護者の三者の継続的な信頼関係の土台を構築した上で、法律のみならず、教育や福祉等の視点を取り入れながら、関係調整を図っていく作業が求められる。その際には、学校教育の本質上、子どもにとって最善なことは何かを常に考えておく必要がある（子どもの権利条約第3条等）。

スクールロイヤーは、このような視点からの指導・助言が可能である。

③　教員の負担軽減と健康管理

保護者との対応を法的観点から助言することは、学校や教員の負担軽減にも大きく役立つ。

前記OECD国際教員指導環境調査によると、日本の教員の勤務時間は平均を大きく上回っている。特に日本では、部活動や事務作業のほか、保護者対応の時間が多くを占めており、早朝から深夜まで、土日も対応に追われるケースがある。北海道教育大学ほか3大学が、2015年に公立の小中高の教員9720人を対象に実施した調査によると、「保護者や地域住民への対応が負担」と感じる教員は、小学校56パーセント、中学校55パーセント、高等学校40パーセントに上っている。

多忙やストレスが原因となって精神疾患を患うケースも少なくない。2012年の文部科学省の調査結果によると、病気休職者のうち精神疾患が占める割合は半数以上に上る。その数も年々増加し、10年前の約3倍に達している。教員の心身の健康についても早急な対策が求められている。

スクールロイヤーが、保護者への対応を支援することができれば、教員の多忙や精神的負担も軽減され、授業や教育研究等の本来の仕事に集中することができることになる。

(3)　体罰、セクハラ、指導上の問題等への対応

教育課程や部活動中に教員が子どもに体罰や、セクシュアルハラスメント、不適切な指導等を行って、子どもの人権を侵害するケースがある。このような場合は、学校として、当該教員に対する指導や被害を受けた子どもや周りの子どもへのサポート、関係機関への報告等を行う必要がある。

これについても、スクールロイヤーが助言・指導を行い、併せて今後の予防策

を検討する。

（4）学校事故への対応

　① 事故の予防と法的責任の確認と対応

　　　学校では、授業、部活動、給食、修学旅行等の様々な時間で、また、校舎や設備の欠陥、不審者の侵入、自然災害等の様々な場面で多くの事故が発生している。独立行政法人日本スポーツ振興センターによると、2015年に給付対象となった死亡件数は63を数えた。後遺障害は431件、負傷・疾病は約108万件にも達している。

　　　スクールロイヤーは、危険管理の視点から事故をどのように予防すべきか、また、発生した事故にどのように対応すべきか、事故の法的責任の検証と保護者やマスコミ等の対応を含め、速やかに助言することが可能である。

　② 事故の調査

　　　文部科学省が2016年3月に公表した「学校事故対応に関する指針」は、学校事故があった場合、当該学校は、事案発生後に速やかに基本調査に着手し、学校がその時点で持っている情報と基本調査の期間中に得られた情報を迅速に整理することを求めている（基本調査）。

　　　スクールロイヤーは、事故後速やかに基本調査の方法を計画したり指示したりする等して、法的観点から調査活動を主導することが期待される。

（5）学校におけるコンプライアンスの実現と紛争の予防

　　学校も組織として活動する以上、自治体、民間企業、団体等と同様、様々な問題に直面しており、その都度、法や法的価値観に基づき、適正かつ公正に対応する必要がある。コンプライアンスの観点から、紛争を適正に解決し、紛争を未然に防ぐためにも、スクールロイヤーの助言は極めて有用であり、むしろ不可欠と考えられる。

　　教育活動と関係するものとして、例えば、子どもの所持品検査はどこまで許されるのか、取り上げた私物の管理と返還をどのように行うか、子どもの写真を学校のホームページに掲載することに問題はないか、テレビ番組の録画を授業で使っても問題はないか、性同一性障害の子どもに対してどのように対応したらよいか、親権者ないし保護者として誰をどのように扱うべきか、どのような場合に保護者の同意が必要かなど様々なケースが考えられる。

　　そのほか、子どもと関係するものとして、地域住民から子どもや学校行事に関するクレームが寄せられた場合にどう対応するか、保護者や第三者、マスコミ等からの問合せや要求にどう対応するか、校内に侵入した不審者にどう対応するか、

子どもの学校活動、成績、家族関係等の個人情報をどう扱うのか、万一漏洩した場合はどう対応するか、学校で発生する様々な問題に関連する文書をどう作成するか、作成又は取得した文書をどう管理するかなど様々なケースが考えられる。

　また、紛争ではないが、いじめ防止授業や研修等にスクールロイヤーが当たることも考えられる。

6　スクールロイヤー制度の在り方と当面の配置方法等
(1)　スクールロイヤー制度の在り方と弁護士会の体制

　以上のように、導入により多くのメリットが考えられるスクールロイヤー制度であるが、先行する実例等からみて、制度のポイントは、学校に対し、法的観点からの助言を行うに際して、弁護士が助言を行うことを通じ、顕在化している問題への適切な対応が可能となるにとどまらず、その背景となっている諸々の問題の発見や対応にも資することができる、という点であると考えられる。

　以上のほか、学校には様々な問題が発生している。例えば、教職員の校務の懈怠や学校外の非行や犯罪などの違法行為、教職員同士のパワーハラスメントやセクシュアルハラスメント、教職員の過重労働への対応などにおいても、学校の管理者から法的な助言・指導が求められる。弁護士会においては、子どもの権利、民事介入暴力、労働、セクシュアルハラスメント、情報問題等、各弁護士の専門性を生かした連携を構築して、現場のニーズに応じた対応をとる必要がある。

(2)　当面の配置方法及び弁護士会の体制作り

　将来的には、全ての学校が必要に応じて利用できるよう制度を拡充していくことが望まれるが、当面は、地域の実情（都市の規模や人口、学校数等）、学校の種類、弁護士の数や状況、制度の定着具合の状況等を踏まえながら、実態に即した形態で、段階的に進めていくのが現実的である。

　当連合会は、各弁護士会と連携しながら、スクールロイヤーを派遣する制度を早急に整備し、研修制度や意見・情報交換等を通じた人材確保及び人材養成に努め、組織的な対応を早急に行っていく所存である。とりわけ、スクールロイヤーが適切に機能するためには、教育現場の実情に精通した弁護士を養成することが不可欠であるため、教育現場の教員との連携や交流を強化する研修を早急に整備する予定である。また、当連合会は、各弁護士会が行うこれら対応体制構築活動を支援する取組を行う。

　スクールロイヤーの設置形態や権限・活動内容等については、前述の大阪府のように地域ごとのブロックに担当弁護士を置いたり、スクールソーシャルワーカ

ーのように指定校に配置したり、中学校を拠点巡回するなど様々な方法が考えられる。各地の実情を踏まえ、柔軟に制度設計をして実現を図り、実施後の活動状況について検証しながら、より良い制度に練り上げていくということが考えられよう。

7　おわりに

　以上から、意見の趣旨で述べたとおり、各都道府県や市町村の教育委員会、国立・私立学校の設置者において、スクールロイヤーを活用する制度を整えるよう、文部科学省においても、同制度について調査研究を行い、その活用を推進するための法整備及び財政的措置を講じるよう求めるものである。

　文部科学省は、平成29年度に「いじめ防止等対策のためのスクールロイヤー活用に関する調査研究」を開始し、平成30年度も引き続き行うことを明らかにしている。同調査研究を進める際には、本意見書の趣旨を踏まえた制度になるよう調査研究を進めることを求めるものである。

以上

3．愛知県教育委員会スクールロイヤー設置要綱

（設置）
第1条　いじめ、不登校、虐待、保護者とのトラブル等学校現場での様々な問題に対
して、法務に関する専門的知見を取り入れ、深刻化する前に、相談・支援により教
員の負担軽減を図りつつ、児童生徒の最善の利益を保護することを目的とし、県内
各教育事務所に愛知県教育委員会スクールロイヤー（以下「スクールロイヤー」と
いう。）を配置する。

（身分）
第2条　スクールロイヤーの身分は、地方公務員法（昭和25年法律第261号）第3条
第3項第3号に規定する特別職の非常勤の嘱託員とする。

（定義）
第3条　この要綱においてスクールロイヤーとは、弁護士の資格を有し、児童生徒の
抱える課題や学校の教育活動に深い見識を持つ者で、愛知県教育委員会から委嘱を
受けたものをいう。

（業務内容）
第4条　スクールロイヤーは、教育事務所からの依頼を受け、次の各号に掲げる業務
を行うものとする。
（1）個別の支援要請に基づく面接相談又は電話相談
（2）教職員等を対象とした法務に関する研修会
（3）教育事務所を巡回拠点とした法務相談

（任用）
第5条　スクールロイヤーは、愛知県弁護士会の推薦を受けた者で、地方公務員法第
16条各号の規定に該当しない者のうちから愛知県教育委員会が任命する。
2　スクールロイヤーの任免は、1年を超えない期間を任期として辞令により行い、
その発令形式は、別表に定めるとおりとする。
3　スクールロイヤーの任免手続は、県費負担教職員について定められている諸規定
を準用するものとし、採用の際具備しなければならない書類は、次のとおりとする。
（1）属歴書
（2）任用期間についての承諾書

（服務）
第6条　スクールロイヤーは、教育事務所からの依頼に応じ、その業務を行う。

236

（相談対象）

第7条　スクールロイヤーの相談対象は、名古屋市立を除く市町村立小学校、中学校、義務教育学校及び市町村教育委員会とする。

（申請及び報告）

第8条　スクールロイヤーの派遣を希望する学校は、市町村教育委員会を通じて、教育事務所に申請する。

2　教育事務所は、前項の申請を審査し、事案の内容、活用を希望する学校の状況、市町村教育委員会の体制等を勘案した上でスクールロイヤーの派遣を決定する。

3　教育事務所は、スクールロイヤーを活用した学校を所管する市町村教育委員会から、「スクールロイヤー活用完了報告書」を、活用の終了後2週間以内文は事業の完了する日の属する会計年度の3月29日のいずれか早い日までに提出させるものとする。

（報酬及び費用弁償等）

第9条　スクールロイヤーの報酬の支給額、支給方法等は、別に定める。

2　スクールロイヤーが職務のため旅行したときは、職員等の旅費に関する条例（昭和29年愛知県条例第1号）に掲げる一般職員の例により旅費を支給する。

（秘密の保持）

第10条　スクールロイヤーは、個人情報の保護に万全を期するものとし、正当な理由なく職務上知り得た秘密を他に漏らしてはならない。その職を退いた後も、同様とする。

（離職）

第11条　スクールロイヤーは、次の各号のいずれかに該当する場合は、離職するものとする。

（1）退職を願い出て承認された場合

（2）任用期間が満了した場合

（3）死亡した場合

（4）刑事事件に関し起訴された場合

（5）任用に要する資格が失効した場合

（雑則）

第12条　この要綱に定めるもののほか、事業の実施に関し必要な事項は別に定める。

附　則

この要綱は、令和2年6月1日から施行する。

別表

任免の種類	発 令 形 式	備 考
採　　用	愛知県教育委員会スクールロイヤーを嘱託する期間は、令和　年　月　日から令和　年　月　日までとする	勤務命令は、愛知県教育委員会の辞令をもって行う。
解　　雇	嘱託を解く	
離　　職	願いにより嘱託を解く	第11条第1号の場合（同条第2号及び第3号の場合は、辞令を要しないこと。第4号及び第5号の場合は、解雇と同じとする。）

弁護士会	専門窓口の有無	窓口名称	相談方法	電話について（詳細）	
東京	ある	子どもの人権110番	電話／面談	専用	電話相談：03-3503-0110
第一東京	ある	子どものための法律相談	電話／面談	専用	03-3597-7867
第二東京	ある	子どもの悩みごと相談	電話／面談	専用	03-3581-1885
東京三会多摩支部	ある	弁護士子どもの悩みごと相談	電話／面談	専用	042-548-0120
神奈川県	ある	①子どもの人権相談（面談）	電話／面談	専用	045-211-7700
		②子どもお悩みダイヤル（電話相談）	電話	専用	045-211-7703
埼玉	ある	子ども弁護士ホットライン	電話	専用	048-837-8668
千葉県	ある	子どもの専門相談	面談	専用	043-306-3851

2019年12月現在

人権相談窓口一覧

相談費用		相談実施日時	相談実施方法
無料		電話相談： 平日：13:30〜16:30、 　　　17:00〜20:00 　　　（受付時間19:45まで） 土曜：13:00〜16:00 　　　（受付時間15:45まで） 面談相談： 　水曜：13:30〜16:30 　土曜：13:00〜16:00	面接相談は予約制です。電話相談後に面接相談の予約をしてください。 なお、水曜の面談相談は霞が関法律相談センターにて、土曜の面接相談は池袋法律相談センターにて行います。
無料	面談による相談は初回無料	電話相談： 　毎週土曜（年末年始を除く） 　15:00〜18:00 面接相談： 　電話相談の上随時	電話相談：当番弁護士が専用回線にて待機しており、上記時間内は随時相談を実施しています。 面接相談：上記相談の中で、面談が必要と判断された場合、随時実施します。
無料		毎週火・木・金曜 （祝日を除く） 15:00〜19:00	面談による相談は前日17時までに予約が必要です（受付：03-3581-2257 人権課）。
無料	面談による相談は初回無料	電話相談： 　毎週水曜：14:00〜19:00 面接相談： 　電話相談の上随時	
無料		毎週木曜日13:15〜16:15	事前予約の上、面談を実施します。（1回45分以内）。 面談が空いている時間で電話での相談も行っています。インターネット予約もできます。
無料		平日9:30〜12:00、13:00〜16:30	事務局で受付後、翌日（土・日・祝日を除く。）までに担当弁護士から折り返し連絡します（20分以内）。
無料		毎週火、木曜日（祝祭日・年末年始を除く）15:00〜18:00	専用回線に架電いただき、担当者の事務所に転送します。
無料		随時（受付は平日10:00〜11:30、13:00〜16:00）	事務局で受付後、担当弁護士と日程調整の上、弁護士の事務所にて相談を実施します。

240

弁護士会	専門窓口の有無	窓口名称	相談方法	電話について（詳細）	
茨城県	ある	子どもの権利110番	電話／面談	会代表電話	029-221-3501
栃木県	ある	子どもの権利相談	電話	専用	028-689-9001
群馬	ある	子ども人権110番	電話／面談	専用	027-234-9321
静岡県	ある	子どもの権利相談	電話／面談	静岡会代表電話	054-252-0008
				浜松支部代表電話	053-455-3009
				沼津支部代表電話	055-931-1848
山梨県	ある	子どもの人権常設相談	電話／面談	会代表電話	055-235-7202
長野県	ある	子どもの人権相談	電話／面談	会代表電話	026-232-2104
新潟県	ある	子どものなやみごと相談	電話／面談	電話：専用／面談申込：会代表電話	電話相談：0120-66-6310（フリーダイヤル）　面談申込：025-222-5533
大阪	ある	子ども何でも相談	電話	専用	06-6364-6251
京都	ある	子どもの権利110番	電話／面談	法律相談センターと共通	075-231-2378
兵庫県	ある	子どもの悩みごと相談	面談	相談課代表電話	078-341-8227

相談費用		相談実施日時	相談実施方法
無料	面談による相談は有料の場合があります。	平日：10:00～12:00 13:00～16:00	事務局で受付後、相談対応可能な弁護士に連絡し、弁護士から電話をかけ直して相談を実施します。
無料		平日10:30～12:00、13:00～16:00 毎月第4土曜日10:00～12:00	平日：受付後、担当弁護士から相談者に折り返し連絡します。毎月第4土曜日：待機している相談担当弁護士が対応します。
無料		平日：10:00～12:00 13:00～17:00	法律相談センターが電話で受け付け、担当弁護士から相談者へ折り返し電話をします。
無料	面談は初回のみ無料	平日9:00～12:00 13:00～17:00	事務局で受付後、担当弁護士から相談者に折り返し連絡します。
無料	面談は初回のみ無料	平日午前9:30～午後5:00	事務局で受付後、担当弁護士から折り返し連絡します。
無料		平日9:00～17:00	事務局で受付後、担当弁護士から折り返し連絡します。
無料	面談は初回30分間無料	電話相談： 毎週月・木（祝日8/13～8/15、年末年始除く） 16:00～19:00 面談受付： 平日9:00～17:00	・電話は当番の弁護士が転送用携帯電話を所持して待機する。 ・面談は弁護士紹介、お互いで日程調整、弁護士事務所で実施。
無料		毎週水曜日15:00～17:00 第2木曜日18:00～20:00	相談担当弁護士が待機（子どもの権利委員会委員3名）
無料		毎週金曜日15:00～17:00（受付は16:30まで） ※面談は前日までに要予約	弁護士会に相談担当弁護士が待機
無料		平日9:00～17:00	電話、FAX（078-341-1779）または郵便で予約のこと。 郵送先：〒650-0016兵庫県神戸市中央区橘通1-4-3　兵庫県弁護士会子どもの権利委員会宛て

242

弁護士会	専門窓口の有無	窓口名称	相談方法	電話について（詳細）	
奈良	ある	子どもの悩みごと相談	電話	専用	0742-81-3784
滋賀	ある	こどもの悩みごと110番	電話	専用	0120-783-998（なやみグッバイ）
和歌山	ある	こども電話相談（電話）	電話	専用	073-488-3366
愛知県	ある	子どもの人権相談	電話／面談	専用	電話相談：052-586-7831 面談申込：052-565-6110
三重	ある	こども弁護士ダイヤル	電話	専用	059-224-7950（泣く子ゼロ）
岐阜県	ある	子どもの悩みごと相談	電話	専用	058-265-2850
福井	ない				
金沢	ある	子どものなやみごと相談	電話／面談	専用	076-221-0831
富山県	ある	子どものなやみごと相談	電話／面談	会代表電話	076-421-4811
広島	ある	子ども電話相談	電話	専用	090-5262-0874
山口県	ある	窓口名称なし	面談	会代表電話	083-922-0087
岡山	ある	子どもの味方弁護士相談	電話／面談	会代表電話	086-223-4401
鳥取県	ない				

相談費用		相談実施日時	相談実施方法
無料		平日9:30〜17:00	事務局にて受付後、弁護士より相談者に電話して相談を実施　相談は受付より2日以内に実施（ただし土日祝、年末年始を除く）
無料		毎週水曜日15:00〜17:00	
無料		毎週水曜日16:00〜19:00（弁護士が電話を受けます。）平日10:00〜12:00、13:00〜16:00（事務局で受付後、担当弁護士から折り返し連絡します。）※いずれも祝日・年末年始を除く。	
無料		毎週土曜日9:20〜16:25（祝日・年末年始除く）	電話：法律相談センターに設置した専用電話に当番の弁護士が待機　面談：法律相談センターにて当番の弁護士が対応（事前電話予約制）
無料		平日の9:00〜12:00　13:00〜15:00	当番の弁護士にかけ直していただき、相談
無料		平日9:00〜17:00	当番の弁護士にかけ直していただき、相談
無料		毎週木曜日12:30〜16:30	専用電話に当番の弁護士が待機（弁護士会に設置）
無料	初回30分程度	平日9:00〜17:30	弁護士会事務局で受付後、担当弁護士から折り返す。
無料		平日16:00〜19:00（土日祝日、年末年始、ゴールデンウィーク、お盆を除く）	専用電話に相談担当弁護士が待機
有料	・弁護士会では指定していない・法テラス利用可	平日9:00〜17:00	・弁護士会事務局が受けた上で、子どもの事件を取り扱う会員の名簿登録者に配点・配点を受けた会員が相談者に連絡を取り、日程調整の上、相談を実施
無料		平日9:00〜17:00	弁護士会事務局で受付後、担当弁護士から折り返す。

244

弁護士会	専門窓口の有無	窓口名称	相談方法	電話について（詳細）	
島根県	ある	子どもの権利相談	面談	法律相談センターと共通	0852-21-3450
福岡県	ある	子どもの人権110番	電話	専用	092-752-1331
佐賀県	ない				
長崎県	ある	子ども担当弁護士制度	面談	会代表電話	095-824-3903
大分県	ある	子どもの権利110番	電話	専用	097-536-2227
		ふくろん先生のなやみ相談	LINE		LINEID @fcl0219t
熊本県	ある	子どもの人権相談	電話／面談	会代表電話	096-325-0913
鹿児島県	ない				
宮崎県	ある	子どもの権利ホットライン	電話	専用	0985-23-6112
沖縄	ある	子どもの悩み事110番	電話	専用	098-866-6725
仙台	ある	子ども悩みごと電話相談	電話／面談	専用	022-263-7585
福島県	ある	子ども相談窓口	電話	専用	024-533-8080
山形県	ある	子ども相談窓口	電話／面談	法律相談センターと共通	023-635-3648
岩手	ある	子どもの無料法律相談	面談	法律相談センターと共通	019-623-5005

相談費用		相談実施日時	相談実施方法
無料	初回のみ	申し込みがある都度	弁護士会事務局で受け付けをし、子どもの権利委員会委員へつなぐ。
無料		毎週土曜日12：30〜15：30	専用の電話番号に、相談担当弁護士が待機
無料		随時（平日9：00〜17：00）・弁護士会事務局で法律相談申込を受付。	担当弁護士が相談申込者に直接電話して、相談日を調整後、法律事務所で面談を実施
無料		毎週水曜日16：30〜19：30	当番の弁護士が電話に出て相談に応じる。
無料（通信料はかかります。）		毎月第2、第4水曜日16：30〜19：30（祝日、正月、お盆時期を除く）	当番の弁護士が LINE で相談に応じる。
無料		毎月第3土曜日14：00〜16：00	相談担当弁護士が待機時間内であれば、面接相談も予約不要
無料		毎月第1、第3月曜日16：00〜17：30（祝日、正月、お盆時期を除く）	弁護士が待機し、電話での相談に応じる。
無料		毎週月曜日16：00〜19：00（祝日を除く）	相談担当弁護士が待機し、電話での相談に応じる。
無料	初回のみ	月〜金9：30〜16：00	専用電話で弁護士会事務局が受付。その後当番の弁護士から電話をかけ直して相談を受ける。面接相談が必要な場合は、日時を調整して実施
無料		月〜金10：00〜17：00	事務局が受付後に、担当弁護士に相談があったことを伝えて、担当弁護士が折り返す。
無料	初回電話相談のみ無料。2回目以降は面談で有料の場合あり。	月〜金9：30〜16：00	事務局が受付後に、担当弁護士に相談があったことを伝えて、担当弁護士が折り返す。
無料		相談希望の申出があった場合に担当者と申込者との間で打ち合わせる。	受付後、相談担当弁護士名簿に従い担当者を決定し、担当者から申込者へ電話をして面談日時を調整する。

弁護士会	専門窓口の有無	窓口名称	相談方法	電話について（詳細）	
秋田	ある	子どもの人権無料法律相談	面談	法律相談センターと共通	018-896-5599
青森県	ない				
札幌	ある	子どもの権利110番	電話	専用	011-281-5110
函館	ある	子ども無料電話相談	電話	会代表電話	0138-41-0232
旭川	ある	子どもの無料電話法律相談	電話	会代表電話	0166-51-9527
釧路	ある	子どもの悩みごと相談	電話	法律相談センターと共通	0154-41-3444
香川県	ある	子どもの権利110番	電話	会代表電話	087-822-3693
徳島	ある	子どもの人権法律相談	電話／面談	会代表電話	088-652-5768
高知	ある	子どもの権利110番	電話／面談	会代表電話	088-872-0324
愛媛	ない				

相談費用		相談実施日時	相談実施方法
無料		相談希望の申出があった場合に、担当者との間で打ち合わせる。	事務局で受付後、担当弁護士と相談者が日程調整の上、弁護士の事務所にて相談実施。
無料		平日9:00〜12:00、13:00〜17:00（木曜は〜18:00）	受付時に担当弁護士の事務所電話番号をお伝えします。相談者から担当弁護士に電話をかけてもらいます。ただし、平日木曜日16時から18時までは事前受付不要で直接弁護士に繋がります。
無料	子ども対象原則1回	（受付時間）月〜金9:00〜17:00（祝日・年末年始を除く）	事務局で受付後、担当弁護士から電話をかけます。
無料		月〜金9:00〜17:00	電話で「子どものための無料電話法律相談」を希望する旨お伝えいただき、追って担当弁護士から折り返す。
無料		月〜金9:00〜17:00	事務局が受付、担当弁護士に連絡し弁護士から折り返す。相談実施日時は相談者と担当者で打ち合わせの上、決定する。
無料		月〜金9:00〜12:00/13:00〜17:00（祝日・年末年始除く）	事務局で受付後、相談対応可能な弁護士に連絡し、弁護士から電話をかけ直して相談
無料	面談相談は3回までを無料とする。	平日のみ（月〜金）9:30〜17:00まで	事務局で受付後、相談者名簿に従って担当弁護士をあたり、弁護士から電話をかけ直して相談。電話相談の結果、必要と認められた場合は面談相談を行う。
無料	子どもからの相談は無料。大人からの相談は有料の場合あり。	平日9時〜12時、13時〜17時	事務局で受付後、相談担当弁護士の事務所の電話番号を教示。

※電話相談は無料です。ただし、フリーダイヤルの場合を除き、通話料がかかります。
※「相談窓口なし」と記載がある弁護士会では、会が設置している法律相談センターで通常の法律相談として、子どもに関する相談を承っています。
「子どもに関する法律相談ができない」というわけではありませんので、ご利用になりやすい相談窓口を、ぜひご活用ください。

あとがき

　本書の出版の基盤には、愛知・岐阜・三重の東海三県を中心に積み上げてきた「子どもの権利」擁護活動の歴史があります。これを軸として、教育研究者と法曹実務家が互いの知見と経験を交流しながら、およそ１年間にわたる共同研究を行うことによって本書は生まれました。この間、議論がついつい白熱し、会議時間は毎回、予定時間を大幅に超えていました。考えてみれば、法曹人と研究者が、一つのテーマをめぐって、これほど熱く語り合うような機会はなかなかないのではないでしょうか。振り返ってみて、今、あらためて思うことは、法と教育の関係は実に奥深く、また、両者の間にある溝は決して浅くはないということです。いわゆる「法化」（legalization）は、医療・福祉・教育等、あらゆる領域において、その在り方まで変えていく力をもっています。今回のスクールロイヤー（SL）の導入は、教育の世界への法の一層の浸透と捉えることができますが、どのような制度設計にすれば、「法化」の負の側面—例えば、法律に基づいて一刀両断に判断するようなアプローチ—を抑えて、プラス面を引き出すことができるのか、この点が大きな論点のひとつとなりました。SL の導入によるプラス面とは、もちろん、子どもの幸せや最善の利益につながることですが、そのためには、まず第一に「子どもの権利」をまもる SL でなければならない、その認識自体は、揺らぐことなく私たちに共通するものでした。本書のタイトル名の所以でもあります。

　さらに、もう一つ議論の焦点となったことは、SL と学校教職員、あるいは、スクールソーシャルワーカー（SSWr）やスクールカウンセラー（SC）等との関係でした。たんに教員の多忙化を改善するというだけでなく、SL の導入を契機として、教職員や他の専門職が、その専門職性をより十全に発揮

し、自己効力感を高めるようにするためには、いかなる SL 制度が求められるのか、同時にまた、SL の活動が、保護者との共同による「開かれた学校」づくりや真の意味での「チーム学校」につながっていくためには、どのような制度の在り方が望ましいのか、まだ十分とは言えませんが、真摯に話し合ってきました。巻末の『8つの提言』は、こうした議論の結果を踏まえて、読者の皆様にご提案するものです。

2019年度『子供・若者の意識に関する調査』（内閣府）によれば、学校が「ほっとできる場所、居心地の良い場所になっているか」という問いへの13〜14歳の子どもの否定的回答の割合は3割近くに及び（29.4%）、15歳〜19歳となるとその数値はさらに上がります（44.5%）。居場所の数の多さと自己認識の前向きさの間には正の相関関係があることも指摘されていますが、本書に「安心できる学校」という副題をつけたのも、SL の活動を通して、学校が子どもたちにとって大切な居場所の一つとなり、気兼ねなく自己を表現し、自己肯定感を高める場となることを願うからに他なりません。

実際、考察を進めながら、SL は、今日の学校に最も必要とされる「対話」―子どもと教職員、保護者と教職員、子どもと保護者の間の対話―を促す重要な役割を担い得る存在であることがはっきりと見えてきました。しかし、そのためには、子どもを取り巻く環境や背景にも目を注ぎ、ソーシャルワーク的手法にも長けた、質の高い弁護士の確保が求められます。いつまでも担当者の方々のボランティア的な善意に頼っていることはできません。上述の「法化」をマイナス方向へと進めないためにも、各自治体が取り組む SL 制度づくりにおいては、国の財政的支援と、それによる SL への適切な報酬額の支払が不可欠であることを、あらためて強調しておきたいと思います。

今後に向けての課題はたくさんありますが、今回の共同研究によって浮かび上がってきた、特に重要と思われる問題を述べておきます。それは、子どもの最善の利益へ向けた SL と他の専門職、SSWr や SC 等との交流の機会の確保です。学校における交流の必要性は急務と言えますが、それ以外にも、

できるだけ早期に共同の研修会や研究会を設置して連携を強めていくことが求められています。こうした合同の研修会が、将来的に新しい学会などへと発展し、法曹人や SSWr、SC のみならず、現場の教職員や教育委員会の方々にもこれに加わって頂けるようになれば、自治体間の意見交換は大きく進み、全国レベルにおいて質の高い SL 制度の構築が可能になっていくことでしょう。なかなかチャレンジングな課題ですが、私たちの次なる目標にしたいと思います。

　良い教育は良い制度から生まれます。SL 制度の導入が、結果として、より豊かな教育活動につながり、子どもたちの幸せに結びついていくことを、執筆者一同、心から願っています。

　なお、本書を出版するにあたっては、筆者の所属する清泉女学院大学・教育文化研究所の研究成果出版助成による助成金をいただきました。記して、感謝申し上げます。

　最後になりましたが、風間書房の風間敬子様には、いつもながら、きめ細やかなご配慮と多大なご尽力をいただきました。厚くお礼を申し上げます。

2022年4月　　松原　信継

〔執筆者一覧〕　　＊は執筆担当箇所

編著者

○松原信継（まつばら のぶつぐ）　　＊「はじめに」「第3章」「第11章Ⅱ」
清泉女学院大学、元愛知教育大学、博士（教育学）、東海地区「子ども条例」ネットワーク代表世話人、元多治見市子どもの権利擁護委員。

○間宮静香（まみや しずか）　　＊「第2章」「第3章」「第10章Ⅰ・Ⅱ」
弁護士（愛知県弁護士会）、名古屋市子どもの権利擁護委員代表委員、元豊田市子どもの権利擁護委員、愛知教育大学非常勤講師、子どもの権利条約総合研究所運営委員。

○伊藤健治（いとう けんじ）　　＊「第1章」「第3章」「第6章」
東海学園大学、博士（教育学）、子どもの権利条約総合研究所運営委員、東海地区「子ども条例」ネットワーク運営委員、元多治見市子どもの権利擁護委員。

著者　〈執筆順〉

○中嶋哲彦（なかじま てつひこ）　　＊「第4章」
愛知工業大学、名古屋大学名誉教授、博士（教育学）、日本教育政策学会会長、日本教育法学会理事、日本科学者会議事務局長。

○坪井由実（つぼい よしみ）　　＊「第5章」「第11章Ⅰ」
愛知県立大学・北海道大学名誉教授、博士（教育学）、元日本教育行政学会会長、元札幌市子どもの権利条例市民会議共同代表、現在「開かれた学校づくり」全国連絡会事務局。

○石井拓児（いしい たくじ）　　＊「第7章」
名古屋大学、博士（教育学）、日本教育法学会理事、日本教育行政学会理事、子ども安全学会理事、豊田市子どもの権利擁護委員。

○多田 元（ただ はじめ）　　＊「第8章」
弁護士（愛知県弁護士会）、元南山大学法科大学院教授、元NPO法人全国不登校新聞社代表理事。

○竹内千賀子（たけうち ちかこ）　　＊「第9章Ⅰ・Ⅳ」
弁護士（愛知県弁護士会）、一宮市スクールロイヤー、尾張旭市いじめ問題専門委員会委員、名古屋市子ども応援委員会スーパーバイザー。

○粕田陽子（かすだ ようこ）　　＊「第9章Ⅱ・Ⅳ」
弁護士（愛知県弁護士会）、名古屋市子どもの権利擁護委員、子どもサポート弁護団元事務局。

○高橋直紹（たかはし なおつぐ）　　＊「第9章Ⅲ・Ⅳ」
弁護士（愛知県弁護士会）、NPO法人子どもセンターパオ、子どもサポート弁護団の各事務局。

○田中圭子（たなか けいこ）　　＊「第10章Ⅲ」
メディエーター・スーパーバイザー＆トレーナー、英国CEDR認定メディエーター、調停委員、一般社団法人メディエーターズ代表理事、愛知教育大学非常勤講師。

○安藤信明（あんどう のぶあき）　　＊「第10章Ⅳ」
司法書士（東京司法書士会）、保護司、一般社団法人メディエーターズ代表理事、愛知教育大学非常勤講師。

子どもの権利をまもるスクールロイヤー
　　　　―子ども・保護者・教職員とつくる安心できる学校―

2022 年 5 月 20 日　初版第 1 刷発行

　　　　　　　　　松　原　信　継
　　編著者　　　　間　宮　静　香
　　　　　　　　　伊　藤　健　治

　　発行者　　　　風　間　敬　子

　発行所　　株式会社風　間　書　房
　　〒 101-0051　東京都千代田区神田神保町 1-34
　　　　電話 03(3291)5729　　FAX 03(3291)5757
　　　　　　　　振替 00110-5-1853

　　　　印刷　太平印刷社　　製本　井上製本所